JN294839

Wisdom of money learned
to millionaires

世界の大富豪2000人に学んだ

# 富を築く
# お金の知恵

トニー野中
Tony Nonaka

SOGO HOREI PUBLISHING CO., LTD

# プロローグ
## ～大切なことを勘違いしているから、いつまで経っても経済の自由を得られない

時代とともに、一般生活がいくら快適になっても、どれだけ便利になれども、多くの人は「お金持ちになりたい！」と常に願っています。

その理由は、日々の生活において快適で便利な暮らしを得ようとすると、お金の存在が不可欠になってくるからに他なりません。

人はより良い生活を得るためにお金持ちになることを夢見て、テレビや映画などで映し出されるセレブで派手な生活に思いを馳せては、自分が置かれている現実世界とのギャップにうなだれ、ついつい手っ取り早く一獲千金を狙うがために、宝くじを大量に買ったり、ギャンブルに大金を注ぎ込んだりしてしまいます。

お金持ちになる方法は、いろいろな成功本をはじめとした自己啓発本にも書かれていますし、さまざまな成功者が講演する成功セミナーでも紹介されるなどして、知ろうと

思えば、すぐ手が届く情報になっています。

しかし、それに対して、実際に成功を手にしてお金持ちになっている人の数は少ないと思いませんか？

その理由の一つとして挙げられるのは、成功者の話を**勘違いして解釈をしている人が多い**ということです。

大金持ち、すなわち〝経済の自由〟を勝ち取った人は「ギブ・アンド・テイク」とか、「情けは人のためならず」といった、他人の力になることで回りまわって自分のもとに富が引き寄せられてくることをよく訴えています。成功本をチェックしている読者であれば当然知っている知識でしょう。

同時に、描いた夢を実現させるためには、それに必要な行動をとらなくてはならないことも承知かと思います。

「今は無理だけど、これから経済的に余裕ができたら寄付も社会貢献もするし、自分の好きなビジネスにもチャレンジするつもりだよ」

などと考えている人は珍しくないと思います。

残念ですが、こういう考えの人は100％、いや120％成功も成幸もありません。

一般人にはまるで信じがたいことですが、**成功した人は例外なく、その習慣がたとえ成功してから行うべきものであっても、あたかも既に成功しているかのように思い込み、成功する前から実践している**のです。

また、「リスクを冒すことは危険」と考えるのが一般的な見解のようですが、実際には**「リスクを冒さないで何もしないほうがリスク」**なのです。

このことは、時代の大きな変化を感じている人なら、もうおわかりでしょう。

幸せな成功者（成幸者）と呼ばれる人は、苦労せずに最初からお金を所持していたり、棚ぼた的にチャンスが訪れて、偶然大金を手に入れたりすることはほとんどありません。

多数の人たちが、わずかな資金を削り決死の覚悟で先行投資をしたり、仕事に追われて休まる時間がなくても成功者としての行い（習慣）を実行したりしているのです。そのためには、睡眠時間を割くことなど一切惜しみません。

成功した経営者は莫大な借金を抱えたり、それこそ「これで失敗したら首を吊る！」と時には命を張るくらいの覚悟を持つなどして、自分が見出した事業にチャレンジしているのです。

そうした一つひとつの取り組みによって、初めてチャンスの神様が降りてくるのです。

そして、問います。

「おまえ本気なのか？」と。

そんな神様の期待を裏切らずにやり遂げて、ようやくご褒美を手にすることができます。

つまり、リスク無くして成功した人などいないし、成功者の習慣を実行せずに成功した人もいないのです。


幸せな成功者（成幸者）の多くは大富豪だったりします。こう言うと、「大富豪だから成幸者と呼ばれるのでは？」と思う方もいるはずですが、それは違います。

そういう固定観念をお持ちの方は、ぜひ本書のシリーズ第1作目である『世界の大富豪2000人に学んだ幸せに成功する方法』（総合法令出版）をお読みください。

成幸者とは「経済」、「時間」、「健康」、「人脈」これら四つの自由をバランスよく持ち合わせている人のことを言います。

世の中には幸せな成功者が総人口の3％いると言われ、私はこの人たちのことを

〝**成幸者**〟と呼びます。

世界の人口がおよそ60億人とすると、計算上この地球には1億8000万人の成幸者がいることになります。

もちろん、大富豪が1億人以上いるということではありません。あくまで、成幸者です。それでも、資産が100億円を越えている人もかなりいるでしょう。

この100億円という金額は、毎月100万円ずつ消費した場合でも、全部使い切るまでに840年かかるほどの大金です。当然ながら、840年も生きられる人などいませんから、財産は残された遺族に相続することになります。こうなると、いったい何代先まで面倒みるつもりなのか疑問に思います（もちろん、相続税はかなり高額なので実際に何百年も相続することは難しいでしょうが……）。

すでに自分では使い切れないほどの富を得てもなお、大富豪の彼らはまだまだお金を稼ぐことを考えています。

それはなぜでしょうか？

〝ゲーム感覚〟になっているとか、〝思考が麻痺〟しているとか思われがちですが、そ

うではありません。

彼らの意欲の源は、

**「自分の生きた証をこの世に残したい」**

**「自分が生きているうちにできるだけたくさんの人を救いたい」**

と願う気持ちなのです。

彼らにそれ以外のモチベーションは存在しません。

よく貧乏人は、〝金持ちは私腹を肥やすことだけを考えている〟と妬みを込めて言いますが、それはまったくの的外れです。彼らの頭の中には、そういう思考が一片もないのです。

ではなぜ貧乏人はそのように勘違いをしてしまうのでしょうか。それは、本当の大富豪を知らないからです。

自分よりワンランクかツーランクぐらい上の生活をしている、いわゆる〝小金持ち〟も大富豪として見ているからにすぎません。小金持ちの人は、必ずしも大富豪の予備軍とは限りませんし、良い人ばかりでもありません。

この辺の認識を変えないと、お金持ちの幸せな成功者には到底なれないので注意したいところです。

日本は古くから〝お金持ち像〟の印象があまり良くない国です。

「貧乏は美徳」とか「お金持ちには悪人（変人）が多い」などと言われます。そんなイメージは、日本を代表するアニメのキャラクターにも表されています。

自分より弱いものに対しては強く、強いものには弱い特徴がある「ドラえもん」のスネ夫や、浮世離れした性格の「ちびまる子ちゃん」の花輪君などです。

このように、金持ちのキャラクターというのは他のキャラクターに比べて、少し歪んだ風に描かれているパターンが常で、人気者の主役になることもありません。

こういうアニメを幼い頃から見ている影響で、一般人には自然に歪んだお金持ち像がすり込まれてしまっているのです。つまり、知らず知らずのうちに洗脳されているということです。

こういうメンタルブロックを意識的に破らなければ、「経済の自由」は絶対に手に入りません。なぜなら、お金に対して悪いイメージを持っていると入ってくるお金も逃げてしまうからです。

人と同様にお金も、自分を好きになってくれる人、大切にしてくれる人にしか寄ってこないのです。

今回は、経済の自由（お金の自由）について、世界の大富豪の中でも幸せな成功者（成幸者）たちが私に直接教えてくれたこと、そして彼らとの出会いで私が学んだことを余すことなく書き綴りたいと思いますので、最後までお付き合いいただければ幸いです。

トニー野中

世界の大富豪2000人に学んだ
富を築くお金の知恵

# CONTENTS

Wisdom of money
learned to millionaires

CONTENTS

## 第2章　経済の自由を手に入れるメリットとその暗黒面



## 第3章　成幸者のお金に対する考え方

# 第4章　成幸者の、経済的自由を手に入れる習慣

## 第5章　大富豪（成幸者）の1日



## 第6章　お金持ちと友達になる方法

# 第7章 経済の自由を手に入れた後に知っておかなければならないこと

装丁　重原　隆
本文デザイン　土屋和泉

# 第1章

Wisdom of money learned to millionaires

## 幸せな成功者（成幸者）とは？

# 四つの自由

幸せな成功者（成幸者）とは、次に挙げる四つの自由をすべて持っている人のことを言います。

- **経済の自由**
- **時間の自由**
- **健康の自由**
- **人脈の自由**

わかりやすく言えば、いつでも、どこでも、お金を気にすることなく好きなだけ使うことができて、時間に束縛されることもなく、行動が制限されることなど一切ない健康な体で、良い仲間に恵まれた生活を送っていることです。

これら四つの自由のうち、一つでも欠けてはいけません。

どれか一つだけやたらと多いとか少ない状況もよくありません。

四つの自由のバランスがうまくとれていることが大切です。

私がお会いした幸せな成功者たちは皆これら四つの自由を、非常にバランスよく兼ね備えていました。


成功者と言っても、すべての人が〝幸せな〟成功者とは限りません。

中でも特に気をつけなければならない成功者の特徴は、〝経済の自由〟を持っていて、その他の自由が少ない、または、ないパターンの人です。

ビジネスでは成功して大儲けすることはできたものの、常に日々の仕事に追われて、働き通しで寝る暇もなければ、まとまった休暇をとって旅行に出かけるなど絶対にできない状況の人。

お金があるのであれば、人を雇い、自分の仕事を振り分ければ多少の時間を作ることもできるハズですが、そうしないということは、「自由」を自由に扱えておらず、不自由な状況となんら変わりません。

もしくは、他人には任せられない仕事だからという気持ちで、健康を省みず無理に働き過ぎると、遅かれ早かれ体を壊す結果を招くのは明らかです。

まして、入院することにでもなれば、順調に波に乗れていたビジネスにも手が回らなくなり陰りが見え始めるでしょう。

そうすると、せっかく築いていた幅広い人脈もクモの子を散らすように自分の周りからいなくなってしまいます。なぜならば、お金目当てで集まってきた人脈だからです。

そして、頼みの綱だったお金さえも底を尽くことになり、ついには経済の自由さえも手放すことになってしまいます。

こういう悪循環の流れに乗ってしまった不幸せな成功者も数々見てきました。

やはり、〝四つの自由〟をバランスよく持つことが重要なポイントになるのです。

# 成幸者となるため、最初に意識するべき自由とは

幸せな成功者を目指す上で、バランスよく四つの自由を得る方法について、解説いたします。

まず、四つの自由をまったく持っておらず、成功もしていない状況であれば、**最初に得るべき自由は、〝経済の自由〟です。**

私は成功者たちにお会いしてお話を聞かせてもらう機会に恵まれていますが、その方たちがよく口にするのは、「成幸者は時間の自由を最も大切に考えている」ということです。

でも、これは既に成幸者になった人の話なのです。

まだ、成功も成幸もしていない人が最初に目指すのは、〝時間の自由〟ではなく、〝経済の自由〟を得ることです。

そうです。あなたが、自分の目指す夢や願望を叶えるために使わなければならないツール（道具）は、お金なのです。

**お金を得る努力が、あなたの夢を実現化させるために必要な〝武器〟となりますし、それが、経済の自由を得ることにつながります。**

しかし、ここで注意しなくてはいけないのが、お金を得ることをゴール（最終目標）にしてはいけないということです。あくまで、あなたの夢や願望を叶えるための武器である〝経済の自由〟を得るための通過点に過ぎないことを決して忘れないようにしてください。

そして、あなたのお金が増える（＝経済の自由のレベルがあなたの理想に近づく）たびに、時間の自由、健康の自由、人脈の自由をバランスよく嵩上げしていくことも大切です。

たとえば、収入や貯金が増えたら、人を雇ってあなたの仕事を軽減させ、自由に使える時間を意図的に増やしたあと、健康面をケアするためにフィットネスやスポーツクラブに通ったり人間ドックを受診したりしながら健康の自由も徐々に高めていき、さらに余った時間で、交流会や同じ方向を目指して人生を歩んでいる人が集まるセミナーや懇親会に積極的に参加することを心掛けて上質な人脈を得ることに励み、人脈の自由も倍増させていきます。

こうした動きをとることで、不均等だった四つの自由のバランスもとれて、途中で崩れることなく、理想の成幸（幸せな成功）を手に入れることができるでしょう。

## 成幸者は「器」が大きい

成幸者とお会いして毎回感じることは、心の器が大きいということです。

その原因は、常に先に広がる大きな夢や願望を見据えているからで、目の前の小さなことなど眼中にないからでしょうか。

そう思うほど、彼らには落ち着きと懐の深さを感じてなりません。

人間には、小さな器で一杯満たされている人と、大きな器で少ししか満たされていない人の２種類のタイプがいます。

小さな器で一杯まで満たされている人は、日々満足していますし、幸せに感じながら

穏やかな日々を過ごしています。

対して、大きな器で少ししか満たされていない人の中には、何か物足りなさを感じ、悔しい思いをしている人がたくさんいます。

一見、前者のほうが成幸者に近づいているように思えますが、そうではありません。後者のほうが成幸者になる確率は格段に上なのです。

ここで大切なのは器の大きさであって、中身が満たされていようがいまいが関係ないのです。

モノの考え方や自己の行動や努力によって、器の中身はこの先増える可能性を十分に秘めていますし、満たされていない分だけ満たすための策を練り、いろいろと考えて行動するようにもなります。

これが、小さな器ですでに満たされている人の場合だと、今の状況に満足してしまっているので、考え方も行動もそれ以上成長することはありません。

私が知る限り、小さい器のまま成幸者になった人は一人としていません。

成幸者を目指すなら、中身がない大きな器を嘆くよりも、生まれ持った小さな器が満たされていることを嘆くべきでしょう。

それでは、器の大きい成幸者は普段どんなことを考えているのでしょう？

## 「どうやったらさらに資産を増やせるか」

資産が多い成幸者ほど、こんなことばかりを考えています。

以前、資産200億円というお金持ちの成幸者とお会いしたことがあります。

前述のとおり〝お金持ち＝成幸〟ではありませんので、あえてお金持ちの成幸者と書きましたが、この方に「あなたほど資産がある人たちは、毎日何を目標に暮らしているのですか？」と尋ねたところこんな答えが返ってきました。

「どうやったら資産を増やせるだろうか？　毎日そんなことばかりを考えているよ」

「………」

200億円もの莫大なお金を持っていたら、単純計算で利息年5％が入るとして、年間10億円ずつお金が増えることになります（実際はこのぐらいの資産を抱えているほとんどの方は、お金持ちしか知らないプライベート・エクイティー等で運用しているので年15％以上の利回りとも推測されますが……）。

年間10億円となると、税金で20％支払ったとしても、毎日200万円以上使わないとさらに増えてしまう状況です。

どう考えても、自分が生きているうちに使い切ることはできない額なのにさらに資産を増やしたいという。

これだけ聞いて話が終わっていれば、その人がただのお金の亡者にしか見えず、良い印象を残せないままだったのでしょうが、さらに突っ込んで尋ねるとこんな答えが返ってきました。

「人にはそれぞれ得意分野と不得意分野がある。

自分はどういうわけかお金を増やすことが得意だったから、ここまで資産が増やせたが、だからといって偉いという話でもない。

この世に生を受けて、自分が存在したことで、多くの人の力になり、多くの人が喜び、幸せを感じて、自分を記憶してくれることではじめて〝生きた証〟を残すことができる。

要は、自分の才能で得られた価値が他人のために使われたときこそ人間は本当の幸せを感じることができるのだよ。

だから、自分の意思を受け継いでくれる、子や孫に資産を残したいし、お金を増やすことが苦手でも、高い志で人の幸せのために何かを成し遂げようと頑張っている起業家がいれば、喜んで資金を提供したいと思っている。だから、これからまだまだ資産を増やしたい気持ちでいっぱいだよ」

あのとき、さらに質問をして本当に良かったと思います。あやうく金の亡者などとひどい勘違いをしてしまうところでした。

深いお言葉をいただいて強く感銘を受けたと同時に、我が器の小ささを改めて痛感させられたことを今でも覚えています。

## 成幸者の大半は貧しさからスタート

成功できない人は、辛抱のできる仕事を見つけ、定年退職の日を夢見ながら何年もその仕事にしがみついています。

確かに副業を持ったり、転職したりする人が増えましたが、心の持ち方に関しては変わることはなく、ほとんどの人は好きでもない仕事を無難にこなしながら、クビになる

のを恐れながら日々暮らしています。

それはなぜでしょうか？

それは、生活するためにはお金の存在は必要不可欠であり、汗水たらして働かないことには、真っ当なお金を稼ぐことはできないと、幼い頃から親や学校の先生に教えられて育てられたからです。


この一般的な思考に比べて、成功できる人というのは、昔はやはり同じような思い込みがあったにせよ、いつしかそれを脱ぎ捨てて、その気になれば何でもできると考えるようになるのです。

いわば〝**情熱**〟こそが、成幸者になるための最高の秘訣だと考えることもできます。

成功者が、情熱を成功の原因とみなすのに対し、成功できない一般人は、情熱を成功の結果だと捉えがちです。この見解の差は大きく環境を変えるでしょう。

歴史上の偉人たちに注目すると、幼いときに貧しい家庭に育った人が目立ちます。

人間は現状に満足していては現状維持に固執してしまいます。さらなる夢を持ったとしても現状を保てなくなるリスクが生じると思うと、「やっぱりやめておこう……」と行動にブレーキをかけてしまうのです。

心のどこかで物足りなさを感じていたり、何か悔しい思いを味わったりしないと、リスク・テイクして上には進んでいけないということです。

その点、幼い頃に貧乏な家庭で育った子どもは、自分が置かれた生活に満足することがないので、将来に向けて強い夢を抱くようになります。

毎日寝る前に、そんな夢を頭に巡らせていれば、その夢に対する想いも日に日に強くなっていきます。

この欲が強くなればなるほど、それに必要な勇気も内から出てくるようになり、夢の実現に向けて、実際の行動に移せるようにもなります。

行動に移せるか移せないか。当然のことながら、それはスタートの時点で決まっていきます。そうして、成功者は長年見てきた夢をことごとく実現させて、成幸者となっていくのです。

〝経営の神様〟と呼ばれた松下幸之助は、「自分をここまで上げてくれた要因は、三つ

のことしか考えられない」と述べています。

その三つとは次の通りです。

・体が弱かったこと
・小学校しか出ていなかったこと
・家が貧しかったこと

松下幸之助は、家が貧しかったので、自分が大人になったらお金持ちになろうと決めていたそうです。

家の事情で小学校しか出ていなかったので、その分、人一倍本を読むことに努め、また、自分の体が弱かったので、自分の代わりに仕事ができる人を育てて、任せなきゃいけないとも考えたそうです。

誰にでもコンプレックスの一つや二つはあるでしょう。

生まれ持ったコンプレックスには、奇しくも人を成長させるヒントがあるように思います。コンプレックスをマイナス要因として封印するのではなく、プラス要因になるように捉え方を変えて、真正面からそれと向き合うことが非常に大切です。

アメリカのビジネス界では、
「少なくとも2回は破産もしくは倒産しないと富豪にはなれない」
と言われます。

また、シリコンバレーのベンチャーキャピタルに至っては、失敗経験のない企業には投資しないとまで言われます。

日本では義務教育期間中に〝失敗してはいけない〟という誤った教育方針を刷り込まれてしまいますので、日本人にはなかなか理解しがたい方針でしょう。

そしてこれが、世界的に見ても日本人の成功者が少ない原因になっているのかもしれないのです。

この教育方針が、日本の国策だと言えば仕方がないのですが、日本の国策は、「若者に失敗しない教育を施し、企業の組織の一員（歯車）となり、税金をしっかり払ってくれること」だと言っているように思えてなりません。

むやみに成功者が増えて、節税対策で頭を使われることよりも、勤勉で失敗せずに日

本のＧＤＰのために貢献すべく地道にせっせと働いてくれる人を沢山生み出すほうを、国としては大いに歓迎しているのでしょう。

それでも今が幸せだと感じる人はそのままでもいいのですが、どんな人間にも人生の終着駅は用意されていて、その残り時間も生まれた瞬間から確実に減っていっています。

その現実を今一度よく踏まえて、強制終了のタイムアウトになる前に、自分の人生でやり残したこと、やるべきことなど見つめ直してみてはどうでしょうか。

## 成幸できる人間は必ず成功をイメージできる

２０１２年からいろいろな国で暴動が起きています。

中東の発展途上国だけでなく、ギリシャ、イタリア、スペイン、キプロスなどの欧州をはじめ、アメリカ国内でも大きな暴動が見られます。おそらく金融不安を中心にして、あらゆるところで歪が出てきているのでしょう。

世の中には、「追従の法則」というものがあります。これは「95％の法則」とも言い、

「95％の人が65歳になると財政的、感情的、精神的、またはその他においても力のない状態で定年を迎える」というものです。

他方の5％の人は、物質面だけでなく、愛情、成長、貢献という意味においても満たされていて、この世界を動かしています。

まさに成幸者にも近い存在ですが、なぜ彼らが満たされているかというと、**彼らはしっかりとした世界観を基盤にして、未来を見据えていて、自分の未来の成功像を明確にくっきりとイメージできているからなのです。**

**そして、イメージしたものは諦めない限り必ず現実化します。**

〝成功哲学の祖〟と呼ばれるナポレオン・ヒルが500名以上の成功者を20年にわたって研究し、その成功哲学をまとめた本『思考は現実化する』にも書いているように、イメージしたものは現実化するのです。

言い換えれば、**「望んだ夢は必ず叶う」**ということだと思います。

この法則は、ナポレオン・ヒルの本で広く有名になりました。その後に続いたこの手の本にも頻出するフレーズなので、聞き飽きられているかもしれません。そのため、信じられぬまま、なかなか実践できない人が多いのが現実ですが、たとえばこの言葉をこのように変えてみたらどうでしょうか？

## 「望まなかった夢は絶対に叶わない」

「望んだ夢は必ず叶う」と言われると、どうしても信じがたく捉えてしまいますが、同じ内容であっても「望まなかった夢は絶対に叶わない」と言葉を入れ替えると途端に否定する人がいなくなるのではないでしょうか。

たとえば、特に趣味もない普通の男性サラリーマンが、望んでもいないのに世界一有名なパティシエになることなど100%ありえない話です。しかし、そのサラリーマンが「世界一のお菓子職人になりたい！」と強く望んだ瞬間、その可能性が「0」からはじめて「1」へと近づき、動き出すのです。

そうです。自分が何かを欲する気持ちを持って手を伸ばさないことには、何も手に入れることはできないのです。

夢も物も手に入れる過程に変わりはないのです。

自分の夢を定めて、その成功をイメージすることはごく簡単なことですが、その**行動にはとても意味があり、大切**だということを心に刻んでおいてください。

## 成幸者は自分自身を多角的に見られる

四つの自由を持つ成幸者たちは、まるで自分自身を色々な角度から見ているような言動や思考が目立ちます。

それは、常に自分を監視するかの如くです。

どうも彼らの中には、次の「三つの自分」が存在しているようなのです。

**一つめは、ごく普通に自分目線で他を見る自分。**

**二つめは、自分を客観視する自分。**

**そして三つめが、自分を上から見下ろしている自分です。**

ごく普通に相手を見ている自分は、時として情熱的に、そして感情的になります。自分を客観視している自分は、必要に応じて冷静に自分に問いかけたりします。上から見る自分は、周り全体を眺めまわして、相手の反応や場の雰囲気を判断しているようです。

本人も無意識のうちにこれら三つの自分を備えるようになったようですが、これら三つはどれかに偏ることなくバランスが均等にとれているようです。

その影響もあって、成幸者は思考や言動などすべてにおいてバランス感覚に優れて、話をしても落着きと奥深さを感じさせるようになるのではないでしょうか。

成幸者は多角的に自分自身を見られると同時に、自分一人で成し遂げられるものは一つとしてない、と考えています。つまり、自分一人の存在だけでは莫大な富を築くことはもちろん、日々の食費すらも稼ぐことができないと考えています。

そのため、ビジネスを立ち上げるときには必ず他人を巻き込んで行おうとします。そうやって、人の力が自分の夢に加わることで自分の能力だけで得られる結果の2倍、3倍ではなく、2乗や3乗にまで膨れ上がることを経験的に知っているからです。

世界的に名が知られたマーケティング界の神様と呼ばれるジェイ・エイブラハム氏は、こんなことを話しています。

「もし、私からすべての能力を奪って、再び億万長者になる能力を一つだけ残すとしたら、私は人と協力する能力を残すだろう」

また、20世紀最高の賢人とされる物理学者アルベルト・アインシュタインもこう語っています。

「一つの原子では何の作用も起きないが、二つの原子が衝突しあうことで13万トンのダイナマイトの威力を生むことができる」

良い仲間と共に夢を実現させるために行動を共にすることは、成功のための大きな力を生んでくれるということです。

# 自分がお金持ちになれるかどうか知る方法

いつの日か自分もお金持ちになれるのだろうか？

そんなことを漠然と考えている人は多いでしょう。その夢の実現のために、人それぞれがさまざまな行動を起こします。

現在就いている仕事で収入がアップする方法を考えたり、一攫千金を目論んで金融やビジネスに投資してみたり、または運だけに頼った宝くじを買う人もいれば、ギャンブルに走る人もいるでしょう。

しかし、幼い頃は貧乏でそこから大富豪にまでのし上がった人の話を伺うと、その道筋に具体的な方法が見えてこないケースが多いと感じます。

つまり、**1＋1＝2となるような法則に乗っ取ったような説明ができる方法ではないのです。**

日本の昔話で「わらしべ長者」という物語があります。

主人公の貧乏な若者がウトウトしているときに、夢に現れた神様から「眠りから覚めて、最初に手にしたものを大切にしなさい」というお告げをもらいます。

若者はその言葉を守り、起き抜けに拾った1本の藁を大切にします。

それから、旅の道中での出会いや出来事によって、1本の藁をみかんや反物に交換するなどして、ついには立派なお屋敷まで手に入れてしまったという話です。

話の中で物々交換を繰り返す過程で、時には「その交換は少し無理があるのでは？」と思うシーンがあることも事実ですが、状況などを含めて考えると、概ねその交換に大きく乖離したものはありません。

この昔話のように、等価交換ではない条件のような展開が重なり、お金持ちになった大富豪は少なくはありません。

私にしても、失業中で一文無しになったとき、新車のフェラーリを1年以内に買うと決めて、本当に実現してしまったことがありましたが、それと近いものがあったと言えます。

どのようにしてそれだけのお金が得られたのかという、その過程が説明しづらいような出来事は、成功していく飛躍の際にはよく起こりうる事象なのかもしれません。

ただ、その中でも、実際に貧乏からお金持ちになった成幸者には共通点がしっかりとあります。

それが集約されているのが次の質問です。

これに、あなたがＹＥＳと答えられるかどうか自身に問いかけてみてください。

**「私は、何の見返りも期待せずに、寛大に、常に歓びあふれて、無私の心で与えているだろうか？」**

さあ、いかがでしょうか？

この質問の意味を理解し、日頃意識していれば、お金持ちになれることは約束されたも同然です。

# 富を得られる者は、自分よりも「外」の世界に焦点を置いている

すべての成幸者は、充実した人生を歩んでいます。

このような人たちは、普通の人（凡人）と比べて何が違うのでしょうか？

お会いした成幸者を観察してみると、まず**「意識」が違う**ことがわかります。成幸者は**「自分」よりも「外」の世界に焦点を向けています。**

具体的には、**成長することと貢献すること。**これら成長と貢献こそが、建設的な

世界観を強力に推進してくれるニーズになっているのでしょう。

そういう意識の高い成幸者は、世界中の投資セミナーや自己啓発系の成功セミナーを何度となく受講していることにも気がつきます。

私のよく知っている成幸者は、年に5回は成功セミナーを受けるようにしているそうです。

年間に受けるセミナーの受講料が数千万円……。

なぜ、すでに成功しているにもかかわらず、今でもそれほど高額な費用を払ってまでセミナーに参加しているのでしょうか？

そんな疑問を彼にぶつけると、こんな答えが返ってきました。

「携帯電話だって時々充電しますよね。どんな携帯電話でも1年間充電なしで使える機種など、どこにもない。考え方はこれと同じで、そのまま使い続けるとどんなエネルギーも減ってしまう。だから人間も時々充電が必要なんだよね」

人は一つのことを極めると、どうしてもそのステータスにあぐらをかいてしまいがちですが、これではダメということです。

ビジネスもスポーツも、そして人間関係も**常にさらなる上を目指すことが結果的に自分を守ることにつながる**ようです。

もしあなたが本当に大富豪の仲間入りをしたいと願うのであれば、焦点を「内向き」から「外向き」に変えることから始めなければいけません。

COLUMN

# お金とは何か？

「人間社会において、欲しいものや必要なものを手に入れるために使われる物体及びその概念である」

〝お金〟を辞書や辞典で調べると、大方このように書かれています。

具体的に言うと、お金は「価値の尺度」「交換の手段」「価値の貯蔵」という三つの要素を備えた社会的な役割を担う機能ということになるでしょう。

その歴史は、古代エジプトやメソポタミアの古代文明に端を発し、ギリシャ、ローマの時代において制度的に確立されたと言われ、日本では大和時代（７００年代）に初めて貨幣が発行され、流通したと言われています。

お金が誕生する以前の取引では、物々交換が一般的であったとされています。

日常的に、同等の価値の物同士を交換して成り立っていたと推測されますが、やはり不便な部分や問題も発生したために、その解決策として〝お金（通貨）〟が誕生せざるを得なかったのでしょう。そういう意味でお金を言い表すと、「価値を表すもの」ということになるでしょう。

世の中の長い歴史から見ても、不変の価値を保っていると言える物は金や銀などの貴金属であり、遡ればエジプト文明から変わらぬ価値を守り続けています。

この話をすると、「金や銀の相場は日々その価格を変えているから、それらの価値は変動しているじゃないか？」と指摘する人がいますが、それは違います。

金の価値が変動しているのではなく、**お金（通貨）の価値が変動している**というのが正しいのです。

ここで、もともとの金本位制について少し触れます。

中世のヨーロッパにおいて、お札は封建領主の国ごとに異なったものを使用していました。そのため、他国のお金を受け取っても、自国で使用することができず、外国との貿易も盛んに行われることはありませんでした。

（１９２９年に勃発した世界恐慌により機能しなくなった金本位制は、１９７１年に廃止され管理通貨制度に移行しました。これがいわゆるニクソン・ショックです）

近世以来の強国であった英国は、自国に大量の金（ゴールド）があることを誇示して、英国通貨１ポンドは○○グラムのゴールドと等価値であると宣言し、希望者には引き換えに応じることにしました。これが金本位制と呼ばれるもので、引き換えに応じる紙幣を兌換紙幣（だかんしへい）と言います。

他国もこれにならって、交換レートを各自設定するようになりました。おかげで貿易には支障がなくなりましたが、肝心のゴールドの絶対量には限りがあり、どんなに経済が成長しても通貨の発行量を増やすことができない問題が表面化したことにより、新興国はゴールドの裏付けのない紙幣（不換紙幣）を発行しました。

しかし、これでは紙幣増刷により通貨価値が下がり、物価がどんどん上がることによりインフレになってしまいます。

どちらにも問題があったので、近代の経済は金本位制を採用したり廃止したりを繰り返し、時代によってめまぐるしく変わりました。

そのたびに国民の資産を激しく増減させ、混乱させる状況も招いていました。

現在は、アメリカが最大のゴールド保有国（公表していないので定かではありませんが一説にはおよそ９０００トン）ですが、金本位制を停止中なので、ドルに金の裏付けはありません。

ところが、将来アメリカは自国通貨安を背景にゴールドを買い集めて、これを復活させるのではないかという話もあります。

それが金価格暴騰の背景にもなっているわけです。

事実、アメリカの政治家の中には金本位制を復活させることを所望している人はいますが、これが実際問題あり得るのかどうか？　といえば不可能なのです。

この世にある金の量は、大体15万トン程度でしかありません。たとえアメリカがこれをすべて集めたとしても、米ドルが発行されている額から換算すると、現在の金の価格より１割以上高くしなければならないのです。

もし、金の保有量を９０００トンベースで換算すると、現在の金のレートの約18倍の額になってしまいます。

これらを踏まえると、金本位制の実現がいかに困難であるかがわかるでしょう。

# 第2章

Wisdom of money learned to millionaires

# 経済の自由を手に入れる メリットとその暗黒面

# 人生の幸せはお金で買えるのか？

人生の幸せはお金で買えるでしょうか？

その答えは「ＮＯ」です。**お金で買えるものは「幸せ」ではなく「楽しさ」です。**

**幸せはお金で買うことは決してできません。**ここを間違えてしまうと不幸になってしまうので注意が必要です。

これについては、過去に何人もの不幸な成功者を見てきた結果、確信しました。「お金＝幸せ」の構図で物事を考えていると、なんとも言えない違和感とストレスに苛まれることになってしまいます。

「経済的に裕福なのに、なぜ幸福感が得られないのだろう……？」と。

だから、「楽しい＝幸せ」ということも、必ずしも言えないということです。

ちなみに、幸福感に賞味期限があることをご存知でしょうか。

ずっと前から欲しかったモノを手に入れるとき、もちろん幸福感の高まりを感じると思います。

しかし、趣味のモノや、マイカーにマイホームと、いろいろ欲しいモノを手に入れても、やがて幸福感は薄れていきます。それも、物欲の場合に関して言えば、その金額と幸福感の賞味期限は比例する傾向があるのです。

たとえば、１０００円のものを買って手に入れた場合、幸福感の持続はせいぜい数時間から長くて数日間程度しかありませんが、〇千万円のマイホームであれば、数年間は幸福感を維持することができるでしょう。

それでも、やはり長い目で見れば物欲に対する幸福感の賞味期限は必ず訪れてしまいます。

では、死ぬまで幸福感が絶えず得られるモノはあるのでしょうか。

物質ではないですが、〝**本質的な幸せ**〟がそれにあたります。本質的な幸せとは次の二つです。

**・人から愛され、認められること**
**・他人を幸福にすること**

人は、認められることと愛され喜ばれる（褒められる）ことが生きていく上で最も大きなモチベーションとなるため、これらに重きを置いておくと長い人生でも関係なく幸福感をいつまでも持続させることができるのです。

以前、大富豪からこんなことを言われたことがあります。

「お金をどれだけたくさん持っていたとしても、ランチは1日に1回しか食べられない。大切なのは心だよ」

短いながら、その言葉に深いものを感じました。

死ぬまでに使い切ることもできないお金を（端から使い切ろうとも思わずに）、ただひたすら銀行口座に貯め込むことだけに励み、そのためには人を踏み台にしても構わないと思うような、お金にとり憑かれた病的人間には、この言葉が持つ意味など到底理解できないでしょう。

お金を蓄えることは個人の自由ではありますが、できれば近づきたくない人種ですね。まあ幸いなことに、成幸者の中でこのようなタイプの人は絶対にいないので、お会いする確率は低いでしょうが。

# お金を知ることで得られるメリット

一般の人は、お金を得ることばかりに意識が集中していますが、お金を得ることよりも、**得る方法を体得するほうが何倍も大切**なのです。

これだけだと、少しわかりづらいので魚釣りにたとえましょう。

大量に釣って魚を得ることよりも、その魚を釣った場所や道具、気候条件などの経験を含めたノウハウを体得するほうが、はるかに価値があるということです。

いくら大漁だったとしても、大波が押し寄せて、魚が入ったクーラーボックスごと海に流されたら一巻の終りですが、釣り方などの経験がしっかりと身に備わっていれば、また大漁の成果を得るチャンスがあるのです。

これでもし、他人から釣った魚を分けてもらったり、何も考えずに釣っていたとしたら、また一からの挑戦になってしまい、せっかくの経験も無駄になります。

どのような行動にしても、どこに意識を向けて取り組むかが、その後の展開にも大きな意味を持つのです。

そして、この「得る方法」が備わっていると、不思議なことにさまざまなチャンスに恵まれることになります。釣り場で思いがけない上質な出会いがあったり、釣りにはまったく関係のないビックチャンスを得ることができたりするのです。

そうなると、心が豊かになり、プラスのスパイラルが生まれ、さらにあなたの欲しいものが入ってくるようになり、まさに良いことばかりが引き寄せられてくるのです。

これはお金も同じで、お金を知り、得る方法を身につけることで、思わぬところでさまざまなチャンスと幸運に恵まれるようになります。

手に入れたお金の計算に没頭するより、もっと別の視点からお金と向き合えるようになることをオススメします。

# お金を失うことを恐れない

予期しない形で、お金を失ったことは誰でもあると思います。うっかり財布を落としてしまったり、予定外の出費があったり、思わぬ失敗から余計な支払いを強いられたりと、こんな経験は誰でも過去に一度や二度はあるのではないでしょうか。

そうなると、突然の散財に落ち込んだり、時には怒りさえこみ上げてきたりしますが、大抵の場合はガマンするしかありません。

皆さんはチェスをやったことがありますか？

日本では西洋将棋とも呼ばれますが、欧州などでは古くから貴族を中心に定着しています。ルールは16個ずつの駒（キング・クイーン・ビショップ・ナイト・ルーク・ポーン）を使い、相手のキングを詰めれば勝ちというものです。その戦場となるチェス盤は白と黒のマスが交互に並んだ市松模様になっており、この上を、相手側の陣地を目指して駒を進めていきます。

この白と黒のマスを人生にたとえた話を、成幸者から教わったことがあります。

白いマスは、人生において良きもの。

黒いマスは、失望や失敗。

一般の人たちは、どうしても白いマスだけを歩みたいと思い込んでしまいますが、チェス盤の端から対面の端まで一生をかけて進むとき、黒いマスを一度も踏まずに渡れる可能性はほぼゼロに近いでしょう。

コマを進めて、白か黒のマスをそれぞれ踏む確率は50：50なので、2回に1回は黒マスを踏むことになるのです。言い換えれば、黒マスを踏むことは、前に進む上でほぼ100％起こりうる出来事ということです。

このことをちゃんと理解していれば、失敗や失望に直面したとき、いちいち落ち込まずに、すぐに前を見据えて進むことができるのではないでしょうか。

これはお金にしても同じです。

成幸者はお金を失うことを恐れません。

なぜなら、お金を手にするということは、その反面、失うことも当然に起こることと、よくわかっているからです。

また、彼らはこうも思います。**失ったお金は巡り巡って、必ず自分のもとへと帰ってくる**と。

実際にその思惑通り、一度失ったお金たちは、ちゃんと戻ってくるのです。

素晴らしいことに、お友達まで連れて（増えて）来てくれるのです。

だから、お金持ちの人はモノを買ったり、何かに失敗したりして、お金を支払う（離れる）ことになっても、「行ってらっしゃい」と心で唱えながら、感謝の気持ちをもって、送り出している感覚だと言います。

一般人の感覚からすると、どうにも理解しがたい習慣に思えますが、これを何の疑いもなく実践できるかどうかが、成幸者になれるか否かの大きなわかれ道になるでしょう。

大切なお金を失うわけですから、最初は気持ちが落ち込むだけでなく、後悔の念や、場合によっては恨みや憎しみも湧いてくると思います。

しかし、このような習慣を続けていれば、必ず慣れてきます。

もしそれが、成幸者へと近づく手段の一つであるならば、是非とも真似をしたいと思いませんか。

## 経済の自由を得ることのダークサイド（暗黒面）

「人の心はお金で買える」

ふとしたことから、こんなテーマで議論が白熱することがあります。

おおよそ、この主張を口にするのは、他人に頼ることなく苦労もせず「経済の自由」を手に入れた人に多いと思います。

このような人は、〝他人に頼ることなく〟と言いがちですが、実際は他人の頑張りや、気遣い、働きかけで経済の自由を得ているケースがほとんどです。

それでも、他人に頼っていないと自分で思い込んでしまっているので、そこに「感謝」の心がまったくありません。

だから、お金を払えば何でも手に入るなどと勘違いをしてしまうのです。

他人の頑張りや気遣い、働きかけがなく、大金が手に入るのは、宝くじのような単発のギャンブルぐらいでしょう。

この宝くじの当選者についても、ある傾向が見られます。

過去の高額当選者のデータを調べると、当選から5年以内に95％の人が当選金、もしくは全財産を失い、場合により離婚や家族離散をし、最悪の人は命まで失う結果になっているのです。

このデータが物語っていることは、**自分の器以上の銭は身につかない**ということです。

宝くじで何億円という高額な当選金を手にしたとしても、その人の器が小さければ、それは重荷でしかないのです。

器以上の金額は、器からこぼれ落ち、足かせになるだけです。

たとえば、ビル・ゲイツ氏や孫正義氏が4億円当たっても、それが原因で破産に追い込まれるようなことはないでしょう。

なぜなら彼らは、そのぐらいの金額は日常的に扱っているからです。すなわちそれくらいの金額をコントロールできる器を持っているのです。

その両氏と、年収300万円、貯金800万円の人が4億円を手にするのとでは、まったく意味が異なります。

4億円であれば、どのように使えば効率的に増やすことができるとか、何にお金を使えば〝生き金〟となるのかということは、前者の両氏であれば造作もない問題ですが、後者のような一般人だと自分の器をはるかに越える大金を前にオロオロするばかりになってしまいます。

そうするうちに、親戚と名乗る人が急に増えてたかられたり、言葉巧みに怪しい投資話を持ちかけて近寄ってくる人がいたりと、気がつくとすべてを失っていることでしょう。

しかし、中には「俺にはそれくらいの器がある!」と豪語する人もいるでしょう。

百歩譲って、それだけの器があなたにあったとした場合、注意しなければならないことがあります。前述にもありましたが、経済の自由だけが突出しないようにすることです。

つまり、四つの自由のバランスを保つことです。

その金額に見合った良質な人脈（付き合い）を増やしたり、なるべく自分の身が自由になる時間を設けるよう人を雇ったり、少し高価でも身体に良いものを摂るように努めたり、人間ドックなどの健康診断に訪れ、健康にも十分気を遣うなどということに、惜しみなくお金を使うようにしなければ、四つの自由のバランスは保てません。

もし、資産に見合った時間や健康、人脈が当面築けそうにないのであれば、寄付や社会貢献でお金を使い、減らすことも良い選択ですが、その使ったお金は回りまわって必ずあなたのもとへ帰ってくることを忘れないでください。

## お金に悩んでいる人が陥る罠

世の中が豊かになったとはいえ、経済的なことで悩んでいる人はまだまだたくさんいます。

日本では毎年３万人を超える自殺者が出ていますが、命を絶つ原因の２番目に挙げら

れるのが、お金の問題です。（※1番は、健康上の悩み）

お金が原因で人生を終えてしまう人は、どうしても「お金があれば何とかなる」「お金があれば幸せになれる」と信じきっている傾向にあるようです。

だから、それが崩れてしまうと、自分の未来に絶望し、不安に耐え切れなくなり、そういう結果を招いてしまうのでしょう。そのような人たちは、自分が下すさまざまな判断も、「儲かる」とか「得する」という視点で決めてしまいます。

もちろん、お金は人を幸せにする大切な道具であることには違いありませんが、とはいえ大切な〝道具〟にしかすぎません。

お金を得ることは決してゴールにはなりません。大切なのは、そのお金を使って何を成し遂げるかで、その場所こそがゴールになり得るのです。

お金がない人には、ある共通点があります。

それは、

**・お金（紙幣や硬貨）を大切にしていない**

**・お金を稼ぐことは汚いことと思っている**

というこことです。

これらは、意識的にではなく無意識に思ったり扱ったりしている場合も多々あります。

**お金も人間と同じで、大切に思ってくれたり、扱ってくれたりする人の所にしか寄ってこないのです。**

だから、お金の住処である財布は、ポイントカードや領収書でパンパンに膨れ上がった見苦しいものではなく、清潔感のある綺麗なものにする必要があり、また、お札も角を折り曲げたり汚したりすることなく、きちんと向きを揃えてきれいに入れる習慣をつけることも重要になります。

そして、お金を支払うときは、「行ってらっしゃい」と気持ちよく送り出して、お金を得たときには「おかえり」と心の中で気持ちを込めて言うことが肝心になるのです。

# なぜ、人間はお金に固執するのか？

ここで、人間はなぜお金に固執するのかを考えてみたいと思います。

このことを考える上での重要な手がかりは、「生き物が生き延びるために最も必要なものは何か？」ということを探るところからつかめてきます。

生物が生きる上で一番必要なもの、それは「食べ物」ではないでしょうか。

つまり、人間は、**飢餓の恐怖から免れる手段のものとして、お金に執着してきたというのが根源的な理由なのです。**

では、ここで冷静になって考えてみます。

今の日本で、本当にお金がなくて、その日の食べ物にも困っている人は、どのくらいいるでしょうか？

確かにゼロではありません。そのような人がいるのは事実です。しかし、今のこの日本において、まじめに働く気があり、健康な体さえあれば、日々の食べ物ぐらい買えるお金はきちんと稼げるはずです。

飲み物を買えないのであれば、公園の水をタダで飲むことだってできます。水道水が浄水されて、そのまま飲める国は世界でもわずか5ヵ国しかないとされているので、日本という国は他国に比べてもかなり恵まれた環境にあると言えるでしょう。

それでも、お金がないことへの不安感というのは、なかなか拭えるものではありません。特に、日本人はその傾向が強いようにも思います。

将来のために少しでもいいから貯金したい！　と、強く考えている人が大半です。

もしかしたら、日本人は他国民と違ってお金に困ることへの恐怖心が強くＤＮＡに植え付けられているのではないでしょうか。そのため、日本は世界屈指の貯金王国になっていると考えることもできます。

では、このお金の恐怖やしがらみから逃れるためにはどうしたらよいのでしょうか？

それには、次の2点を徹底する必要があります。

**①金がなくても死なないと、自分に常に言い聞かせること**

**②お金に絶対的価値はないことを知ること**

この二つのことを脳に徹底的にインプットさせます。

そうすることで、お金ばかりに振り回される人生から脱却できるようになり、

「あの人の年収は○○万円だ」

「お隣さんがまた新車を買った。うらやまし〜」

なんて話題にもいつしか興味も示さなくなり、右から左に抜けていくでしょう。

そうなれば、お金の呪縛などに悩まされずに済み、これまで以上に気持ち良い生活を送れるはずです。

## お金と恋愛の関係

一般的な見解として、どうしてもお金持ちのほうが幸せな結婚ができると思われがちです。

確かに所帯を持つとなると、さまざまな出費がかさみ、子どもが生まれれば、大きな間取りのマンションや一軒家へ引っ越す必要性も出てくるので、大金を用意しなければ

なりません。

そして、その出費額は結婚と同時に、年々上がっていくと言ってもよいでしょう。

一般の人がこのような将来のことを思うと、つい結婚することを躊躇したり、今の彼(彼女)より、もっとお金持ちの人と結婚したいと思ったりすることは、ごく自然の流れとも思います。

もちろん、幸せな結婚生活を求めて、お金持ちと結婚したとしても相手が必ずしも良い人である保証はまったくありません。良い人とお金持ちがイコールの関係ではないことは、誰しも経験などで理解しているでしょう。

ところが、それがわかっていたとしても、自分の好みとぴったり合うタイプで、優しく、相性もいいお金持ちの人が必ず自分の前に現れると信じていたりしていないでしょうか。

確かにこの広い世界を隈なく探せば、そのような人が絶対にいないとは言い切れませんが、まず言えることは、このような考えを持っている限り、あなたの前にその理想の人が現れることはまずありえないし、たとえお眼鏡にかなう相手が見つかったとしても、幸せな結婚生活を続けることはできないでしょう。

私がお会いした大富豪の中には2通りのタイプの人がいます。

一方は、元々大富豪の家に生まれたため、今も大富豪である人。

そしてもう一方は、自分一代で大富豪になった人。

もし、あなたが名家に生まれ、少なくとも経済の自由だけは持っているのであれば、前者の大富豪と結婚してもうまくいく可能性はわずかにありますが、経済の自由さえもなければ、幸せな結婚生活を送ることは非常に難しいでしょう。

なぜならば、そもそも結婚生活に潜む本質には、お金よりも大切なものがあるからです。結婚とは、夫婦二人で人生を共有し、幸せと思える日々を二人三脚で創りながら一歩一歩人生の終着駅まで前進していくにすぎません。

持って生まれた価値観の違いで、時には相手に譲ったり譲ってもらったりしなければ、超えられない問題もあるでしょう。育った環境が違いすぎると、お互いの価値観にも大きなズレが生じ、二人で創る幸せの基準が合わないために、最後まで本当の幸せを感じることなく、終着駅に到着してしまうという結末もあり得るのです。

一代で富を手にした後者の大富豪の奥様にお会いしたときに話を伺ってみると、お金や経済上のことが結婚を決める要因の一つであったことを認めてはいますが、ほとんどの人が「将来金持ちになりそうだから」ということで決めたようです。つまり、その結婚を決めたときには裕福ではなかったことになり、**お金持ちになる器とものの見方・考え方を重視した**ことになります。

このような考え方を無意識のうちに身につけて、相手を選び、そして想像通りに大富豪にまでなったと思うと、奥様のほうが大物なのかもしれませんね。

# 悪銭身につかず

冒頭から再三お伝えしているように、大富豪だからといって、必ずしも幸せな成功者とは言えません。もし、そうであれば、麻薬や武器等の販売をする悪徳商人や金融マフィアも成幸者ということになってしまいます。

そのため、お金がたくさんあるからといって、良い人とか尊敬できる人物とは限りません。また、四つの自由のバランスも当然とれていないので、その豊かな状況が長続きすることもありません。まさに、〝悪銭身につかず〟といったところです。

悪い目的や悪い手段で手に入れたお金というのは、どうしても後ろめたさを含むので、持っているだけで落ち着かなかったり、不快感や不安感に苛まれたりします。

そして、そのようにして得た富というのは、決して手元に長くとどまることはなく、さまざまな問題や予定外の出費により、決まって自分の元から離れていってしまうのです。

成功者になるためには成功をイメージすることが大事ですが、それが不純な動機から始まるものだったり、自分が必要とする以上のお金や物を欲したりすると、たとえ運よく富が入ってきても、それが長く留まることはあり得ず、直ぐに離れていってしまうのです。まさしく〝悪銭身につかず〟といった結果となってしまうのです。

これでは、真の成功を得ることはできず、幸せな成功者などになれるはずもありません。

もし、あなたが真面目に成幸者を目指したいなら、まずは常日頃から正しい生き方を心がけることが何よりも大切でしょう。

# 人は所有できる物の数が決まっている

自分の家や職場のオフィスを見渡してください。物で溢れかえってはいませんか？

今は必要のない物だけど、この先、何かで使えそうだから一応とっておくとか、もう不要な物だけど、捨ててしまうのはもったいないからとっておこうと、やたらと物を所有したがる人は、要注意です。

**基本的に1年以上使わなかった物や服は、今後も使う可能性はほぼないと考えるべきで、それに当てはまる物は手放す（処分する）ようにします。**

一時、〝断捨離〟という言葉が流行りましたが、まさにそれが求められているわけです。

ただし、思い出の品などは話が別になります。家族の思い出が詰まったアルバムや記念の品は、人生の宝物とも言えるので、手放す必要はまったくありません。

また、手放す（処分する）といっても、ゴミとして捨てるということでもありません。

自分には必要がなくなった物でも、それを欲しがる人がいれば、譲ってあげたりすればよいのです。

それでも、いつか使う日が、着られる日が来るだろうと思い、〝もったいない精神〟のもと、物や服を手放さない人がいますが、これは、「自分は今後、お金持ちになれず、着たい服など、物が買えなくなる日がくる可能性があるので、そのときのためにとっておく」と言っているようなもので、お金持ちになれない自分を潜在意識にインプットする行為です。

だから、このような人は、お金持ちになるチャンスが来ても、心（潜在意識）がブレーキをかけますので、永遠にお金持ちになることはありません。

大富豪の家やオフィスは、広さがあって管理が大変そうなのに、余計な物が散乱することもなく、スッキリと片付けられています。

これは、自分が成功していく過程で経験上、所有物が多いと新たな物が入ってこないことを知っていて、必要以上の物を所有していないからです。

なぜ、入ってこなくなるのか？

答えは器にあります。**所有物が多いということは〝富の器〟が一杯になっているのです。**

この富の器が満杯で気持ち良くなると、同時に〝心の器〟までも一杯になっている可能性も高いでしょう。

この状態だと、それ以上、器に富を注ぐことができず、所有物より必要な物があったとしても、すべて入れ損なっているのです。もったいないとは思いませんか？

そう思うと、使うかどうかもわからない物を〝一応とっておく〟などという処置にはならないでしょう。

**人の所有できる物の量は一定です。**

**貧乏人もお金持ちも関係なく、所有できる量は同じです。**

貧乏人は、お店でもらった試供品やおまけ等、普段使わない価値のない物でその量を満たしているパターンがよく見られ、価値のある物が新しく入ってくるスペースがありません。

一方、お金持ちは人が所有できる物の数に限界があることを潜在的に知っているため、お金があっても質の良い物しか買わないし、必要のない物はたとえ無料でも受け取りません。そうやって、いつでも必要な物が入る余白を空けておくために、自分の〝器〟を一杯にしないよう心がけているのです。

それでも、〝器〟が一杯になりかけると、すぐさま不要な物や質の低い物を見極めて、次々と手放します。そうして、また新しい必要な物が器に入るようになり、所有物の質が着実に高まっていくのです。

ビジネスでアイデアに詰まったり困った問題にぶつかったりして、解決策はないかと頭を悩ませているときなどに、引越しや大掃除をして大量の物を捨てスッキリさせると、その瞬間から妙案が閃き、いっぺんに問題が解決してしまったという経験はありませんか。

それはまさに、器を整理して、不必要なものを排除して、必要な物が新しく入り込んできた証拠です。

片付けというのは、簡単なようでなかなか取りかかれない作業であることは事実ですが、必要な物が入ってこなくなると知ると、掃除も進んで行えるようになるでしょう。

COLUMN

# なぜ同じ国の通貨なのに紙幣と硬貨の発行元が異なるのか？

生活する上で最もなくてはならないマストアイテムの〝お金〟。毎日当たり前のように手にしていますが、硬貨やお札をじっくりと見たことがありますか？

日本の紙幣（千円札、五千円札、一万円札など）には「日本銀行券」と記載され、硬貨（10円玉、１００円玉、５００円玉など）には「日本国」と表記されています。

紙幣と硬貨で、なぜこのような違いがあるのでしょうか。

その答えは、**発行元が違う**からに他なりません。

紙幣は日本銀行法29条に基づいて日本銀行が発行しています。対して、硬貨は政府が発行しています。

政府といっても正確には日本国の機関の一つである造幣局（旧大蔵省の一部局から財

務省を経て現在は独立行政法人）になります。

もともと硬貨は唯一の貨幣で、金や銀といった物質的に価値のあるモノを原材料として作られ、政府の発行による本当のお金でした。

しかし、経済が発展して貨幣の流通量が膨大に増えるに従い、硬貨だけでは間に合わなくなりました。

そこで考案されたのが、正貨と交換を約束する兌換（だかん）券という紙幣でした。発行したのは国営銀行です。これが今の紙幣として定着しました。

現在は兌換制度もなくなり、硬貨も補助貨幣となってしまいましたが、紙幣と硬貨の発行元に関しては昔の名残を引き継ぎました。

紙幣を発行する銀行は、日本の中央銀行にあたる日本銀行になります。

この日本銀行は国の機関のように思われがちですが、組織上は株式会社に似た、上場もされている特殊法人なのです。

上場と聞くとその出資者になってみたくなりますよね。日本銀行の出資者には、一般の株式会社の株式に相当する出資口数を証した「出資証券」が発行されます。出資証券はジャスダックに上場され、株式に準じて取引されています（ただし、一般の上場株式とは違い、一部の証券会社では日銀出資証券を取り扱っていない場合があります）。

資本金は1億円。そのうち政府が55％の約5500万円を出資し、残り45％にあたる約4500万円を政府以外の者が出資しています。

出資者は基本的に非公開とされていますが、この出資者こそロスチャイルド及びロスチャイルド系の企業が占めていると噂されています。

その解明材料の一つとして、日本銀行の生い立ちがあります。

はじまりは江戸時代の末期。幕末に幕臣だった渋沢栄一は26歳のとき、幕府使節団に加わって御用商人としてフランスに渡っています。

この渡仏によって、銀行家のフリュリ・エラールから銀行業や近代の金融業のイロハを渋沢は学ぶことになりましたが、エラールのボスにあたる人物こそがアルフォンス・ド・ロスチャイルド伯爵であり、フランス・ロスチャイルド家の総帥でした。

このあとロスチャイルドと渋沢が親交を深めたと言われていますが、三井財閥と元々つながりがあったロスチャイルドと、三井財閥の大番頭になっていた渋沢であれば当然の流れと考えられます。

その頃、日本では大政奉還が行われ、江戸幕府がその長い歴史の幕を閉じました。明治維新後に帰国した渋沢は、明治新政府に大蔵卿として招かれると、日本で初めて銀行業を行うこととなり第一国立銀行を設立しました。

その後、母体を三井銀行の為替方として明治14年に松方正義が初代総裁として日銀を創立したことを考えると、三井の大番頭でもあった渋沢の影、さらにはロスチャイルドの影響があったと思うことが自然なのかもしれません。(『昭和史からの警告――戦争への道を阻め』船井幸雄・副島隆彦著〈ビジネス社〉参照)

お金の歴史はこれくらいにして、続いて貨幣の物質的な価値に注目してみましょう。

私たちは当然のごとく、100円玉を100円の価値あるモノとして利用していますが、実際の製造原価をご存知でしょうか?

硬貨の原価は500円玉で30円、100円玉で25円、50円玉で20円になっています。

つまり、実質の価値より、上乗せされていることになります。

反して、5円玉の原価は7円、1円玉は3円という原価割れになっています。

そのため、5円玉と1円玉は発行すればするほど政府にとっては赤字になるということとです。

唯一、10円玉の製造原価だけ、価値と等しく10円になっています。

では、日本銀行が発行する紙幣はどうでしょうか。

まず千円札の原価は15円、五千円札が20円、一万円札でも22円なのです。

額面と原価の間に非常に大きな開きがあると思いませんか。

お札の原材料が紙であることを考えれば、製造原価が安くなるのは当然かもしれませんが、すべての紙幣がわずか20円ほどの価値しかないのです。

そう思うと、「たかがお金」という気持ちがふと芽生えて、お金だけに固執することがなんだか虚しくなってきます。

その気持ちを持ちつつ、豊かで幸せな生活を求めてお金儲けをすれば、これまでとは違う成功への活路が見えてくるかもしれません。

ちなみに、お金に関しての認識で、「紙幣を燃やしたり破ったり落書きをしたら罪になる」と思っている方がよくいらっしゃいますが、これは完全に誤解です。

日本銀行が発行する紙幣（日本銀行券）は、自己所有であれば燃やしても破っても罪にはなりませんし、そのような法は存在しません。なので、やりたい方は自分が得た紙幣を燃やすなり破るなり、気が済むまでどうぞご自由に。

もちろん、それは成功への糧にも何にもならない無駄な行為なので、まったくおすすめはいたしませんが……。

ここで大事な補足。

紙幣の扱いに関しては述べた通りですが、日本政府が発行する硬貨に関しては「貨幣損傷等取締法」という規定により、たとえ自己所有であっても、燃やしたり曲げたり熔かしたりすると、罪（1年以下の懲役または20万円以下の罰金）になります。

ジムに通い必死に鍛えた腕力を誇示するため、女性の前で硬貨を曲げて見せたりしても、それは違法行為にあたるので、その場で捕まってしまわないように、くれぐれもご注意ください。

# 第3章

Wisdom of money learned to millionaires

# 成幸者のお金に対する考え方

# 時間の切り売りビジネスには限界がある

今の社会でお金を得ようとすると、会社に就職することや、自分で商売をはじめるなど、働くことをまず考えます。なぜなら、最も確実にお金を得られる手段が〝働くこと〟だからです。

それ以外でお金を得る手段となると、手っ取り早いところでは、宝くじ、競艇、競馬、パチンコなどのギャンブルがありますが、お金を得られる保証がなく確実性に欠けるので、日々の生活費を稼ぐ手段とするには少々リスクが高いでしょう。

やはり、お金を確実に得るためには就職して正社員や契約社員、アルバイトとして会社で仕事に従事することが最善策なわけです。

しかし、こうやって働いて得られる収入には限界があります。

理由は、時間の切り売り型労働収入だからです。どんなによい解釈をしても、その形態は変わりませんし、職業も関係ありません。

腕の立つ医者であろうと、敏腕弁護士であろうと、世界で活躍するプロスポーツの選手であろうと同じで、収入金額を上げるためには、さらに長い時間働くか、さらに質の良い仕事で結果を残し単価を上げるしか方法がないのです。単価を上げても、所詮は労働収入の枠を超えるほどの金額は期待できません。

時間に関しては、すべての人間が1日24時間しか平等に与えられていないし、結果主義的な質の良い仕事をしたとしても、所詮は労働収入の枠を超えない以上、大富豪と呼ばれるほどのお金を得ることはできません。

成幸者の多くは、いわゆる大富豪クラスの資産を持っていますが、それらは時間を切り売りした労働収入で得られたお金ではありません。**時間とは比例関係がない権利収入によるものです。**

この権利収入を得る方法は、次の三つしかありません。

1．ビル・ゲイツ氏や孫正義氏のように、オーナーとしてビジネスをゼロからつくり上げる

2．世界が驚くような新発明の特許権料や、投資用不動産の所有などによる家賃収入を

得る

3．ネットワークビジネス等で運よく大成功を収める

才能も資本金もない人であれば、自動的に三つ目の方法しか選択肢がないでしょう。これらの方法は、労働収入とは違って時間に左右されることがなく、得られる収入も理論上では無制限となり、経済の自由も得ることができます。

また、これらの権利収入が得られるようになったら、「お金がお金を生む」金融投資や事業投資などでも収入を得るなどして、資産をさらに増やし、大富豪まで上り詰めることも現実的になるのです。

## 成幸者に共通した「お金観」

成幸者にお会いして思うことは、お金を使うことに対する共通したフィロソフィー（哲学）みたいなものを皆さん持っているということです。

我々がお金を使うことに対する認識は、〝欲しい物、または購入しなければならない物に対して、その対価を支払う〟という義務でしかありません。

できるだけ安く済ませたいという感情などは湧くものの、それ以上の思いも哲学もそこには存在しないでしょう。

ところが、成幸者は次の二つのことを明らかに意識しながら、お金を支払う判断をしています。

**・お金は自分以外の誰かを喜ばせるために使う**
**・あとで〝面白かった〟と感じられる使い方をする**

このようなことを意識しているのは、誰かをハッピーにすることで、自分もハッピーになれる良い循環が生まれることを知っているからに他なりません。

そのため、「お金を、ただ単に貯める」ということよりも、「お金は人への投資により貯める」という意識のほうが強いので、成幸者は進んで人に喜ばれることに使うのです。

だからといって、大勢を連れて豪遊するなどの、無駄遣いのような投資ではありません。

彼らはいつでも、**「この投資には本当に意味があるのか？」**ということを自問自答しながら、お金を大切に思い、慎重に使っているように見えます。

## 最初に、お金で買えるものと買えないものを知る

普通の人は所有物にこだわる傾向があり、高価な物を持っているほど偉い人と思い込みがちです。

大きな豪邸に住んでいたり、外車を数台所有していたり、高級な腕時計を身につけていると、裕福でお金持ちの人と安易に捉えてしまいます。

しかし、既に成功してお金持ちになった富裕層は、お金で買えるものをどれだけ持っているかより、**お金で買えないものをどれだけ持っているかを重要視します。**

それは、お金では買えない〝幸せ〟を何よりも最上なものだと位置付けているからです。

つまり、頭の中でこのように考えます。

- **豪邸は買える。温かい家庭は買えない。**
- **高級腕時計は買える。時間は買えない。**
- **豪華なベッドは買える。快眠は買えない。**
- **名医の治療は受けられる。健康は買えない。**
- **書籍は買える。知識は買えない。**
- **地位や名誉は買える。尊敬は買えない。**

もはや成幸者は**前者には興味がなく、後者しか求めていない**のです。

もし、あなたが成功して経済の自由を手にしたとき、このことを理解していれば本当に幸せな成功者になれるでしょう。

# 富は無限にあると考える

他人が幸せになったり、お金持ちになったりすると、妬む人がいますが、いったいなぜでしょうか？　それには、二つの理由があります。

一つは、自分がその立場になれないことへの苛立ち。

もう一つは、他人がその立場になったことで自分が得られる富や回ってくるチャンスが減ったと思うからです。

人は、他人と競争して勝ったり、他人の手柄やポジションを奪い取ったりしなければ、自分は出世もできないし、お金持ちにもなれないと思っているため、サラリーマンの人は出世競争を繰り広げたり、自営業の人はライバル店を出し抜いたりするなど、常に足の引っ張り合いをしています。

このようなマインドを持っていては幸せな成功者には決してなれません。**成功は他人を蹴落として得られるものではない**のです。

そもそも富は有限ではなく無限にあり、必要に応じて作り出すことができるので、特定の富だけを奪い合うなど馬鹿馬鹿しい限りです。

それに気づけるかどうかが、大きな差を生み出すでしょう。


もう一度言います。たとえ、身近な誰かがお金持ちになったとしても、それはあなたがお金持ちになるチャンスを削ぐことにはなりません。

それどころか、幸せになった人を心から祝福することができれば、幸運の神様があなたに好感を抱き、あなたにも幸運をもたらしてくれるでしょう。

人の幸せを妬んだり邪魔することは、同時にあなたの幸せを遠ざけていると、覚えておいてください。

## お金はゴールではなく大切な道具

一般の人に夢や願望を尋ねると、「億万長者になる」とか「社長になる」といった抽象的なことを言う人がいますが、これはかなりレベルの低い目標設定だと言わざるを得ません。

億万長者とは資産いくらなのか？

どういう会社の社長なのか？

既存の一流企業か自分で立ち上げた会社か？

それらがまったくはっきりしていないので、それを達成するための道筋などまったく見えません。

とはいえ、この目標に具体的な金額を設定しても、会社名を明確にしたとしても、レベルが低いことには変わりはありません。

なぜならば、どれもゴールとしてふさわしくないからです。

この場合、大切なのは、あなたが社長になって**何をしたいか**ということや、さらにそのお金を使って**何を成し遂げたいか**ということで、それが目標設定における本当のゴールになります。

これは、大金を手にしたとたん人生をダメにしてしまったり、社長になったとたん業績不振に陥り解任されるケースがあることからもおわかりになるでしょう。

お金は生きていくためになくてはならないもので、その人の願望を叶えるためにも必要不可欠なツールであることは確かです。

しかし、どれだけ大切なツールであっても、それがゴールになることはなく、お金に対して固執しすぎると、幸せな成功者の道も途絶えてしまいます。

お金は生活に豊かさと楽しさをもたらしますが、決して幸せをもたらすことはありません。

前述の大富豪の言葉です。

**「お金をたくさん持っていても、ランチは1日に1回しか食べられない。大切なのは心だよ」**

「人生で一番大切なのはお金」などと恥ずかしげもなく言う人は、この言葉の意味を理解することなど一生できないでしょう。

# 凡人とは違う大富豪の思考法

人間は無意識のうちに自らの限界を定めてしまいます。

この場合、本当の限界より低い所に設定してしまうことが多いですが、これは人間の脳における**〝自己防衛機能〟**が働く影響があります。

火事の現場で、燃えさかる家の中に飛び込み、大きな柱に挟まれて身動きがとれない人をものすごい腕力を発揮して救い出したという話や、アメリカのミシガン州で15歳の少年が重さ900キロを超える自動車を持ち上げ、祖父を無事救出したという話が実際にありましたが、この人たちはごく普通の一般人で怪力の持ち主ではありません。

では、なぜこんなことができたのでしょうか?

理由は、常に脳が設定している自己防衛機能が外れたからです。

普段人間は自分の体を守るために、限界の力を発揮しないようにブレーキをかけています。これが脳による自己防衛機能なのですが、状況により限界の力が必要と判断したとき、脳はブレーキを解除します。そのため、普段の数倍の力を発揮することも可能になるのです。

この制御機能は単純な腕力だけに限らず、思考などにも働いています。

人が無意識のうちに定めているこの〝仮想限界〟。もし自由にコントロールができればどうなるでしょう？

かなり有利だと思いませんか？

そうです。**成功してお金持ちになる人は、このブレーキを自ら外して、通常の限界を超えた能力でチャレンジしているのです。**

だから凡人にはできないことも可能にしたり、優れた結果を残したり、お金を増やすことにも長けていたりします。

自己防衛機能を操るのは難しくても、自分で定めた限界のほんのちょっと上を目指す癖をつけてみてください。それだけで、その後の結果に大きく変化をもたらすことができるでしょう。

これまでに、「あと一歩！」というところで、惜しくも目標を達成できなかった経験はないでしょうか？

ある脳科学者の実験によると、脳は終わりを意識したその瞬間、一気に血流が減少し、能力がダウンしてしまうそうです。

まだゴールに達していないのに、「（ほぼ）できた！」と思ってしまうのは、脳に「止まれ！」と指令を出して、目標達成を自ら放棄していることになるのです。

これを活かして、陸上の短距離走者がゴール地点より少し先の位置に目標を置くと、あっさり記録更新に成功したりします。

このことを知っている成幸者は、**何事においても絶対に最後まで気を緩めません。**

一流のスポーツ選手にしても同じです。

目標を達成するためには最後まで気を抜かず、全力でやり抜くという基本中の基本とも言える姿勢を必ず貫き通します。

このように、成功する人や大富豪になる人は凡人にはない習慣を自然と身につけているのです。

習慣の他にも、「考え方（思考）」や「価値観」、「富を引き寄せる方法」なども独自に持っています。

その思考は大きく分けて、次の二つに分類することができます。

**一つは、「何？」と即座に反応する思考。**
**もう一つは、「なぜ？」と咄嗟に思う思考。**

それは後者です。

「何？」は具体的な物事や事象を問う言葉で、「なぜ？」は物事の理由を問う言葉です。お金持ちになれる人はどちらのタイプでしょうか？

「何？」タイプの思考は、成功体験を模倣する傾向が生じてしまい、いずれ思考停止に陥ってしまいます。それゆえ、成功もせずお金持ちにもなれません。

対して、「なぜ？」タイプは「なぜ成功したのか？」などと、背景に潜む要因に目を向けることで、より新たなものを生みだす原動力を備えることができます。

こういう違いがあるので、凡人には見えない〝コインの裏側〟も見ることができ、富を引き寄せることもできるのです。

アメリカの発明王トーマス・エジソンも物理学者アルベルト・アインシュタインも、子どもの頃には、事あるごとに「なぜ？　なぜ？」と先生やお母さんを問い詰める〝質問魔〟だったそうですが、こういう思考を持てれば成幸者になれる日も近いかもしれません。

## ギブ・アンド・テイクの精神が大きな富を生む

口癖のように、「何か良い話ありませんか？」とか、「何か儲かる仕事ありませんか？」と言う人がいます。

しかし、よく考えてみると、世の中に良いことも、良い仕事もありません。良いことにするか（良い仕事にするか）、悪いことにするか（悪い仕事にするか）は本人次第です。

自分自身がどう捉えるか、それだけの問題です。

仕事で言えば、小規模な食べ物屋の経営者でも頑張ってビルを建てる人もいます。その傍ら、食べ物屋で商売をつぶして借金だらけになる人もいたりするので、良い仕事も悪い仕事もありません。

前述の口癖のような考え方でビジネスを起こしても、ほとんどうまくいきませんし、当然儲かりもしないのは明らかでしょう。

「成功する人はギブ・アンド・テイクの精神で、人に与えて自分も得る」

これは、〝自利利他〟の教えに従い行動していることであると言われます。

私は、人間には精神レベルが4段階あると考えています。

まず人間は生まれると、「テイク・アンド・テイク」のレベルから始まります。

それは、親をはじめとする自分の周りにいる人たちに、与えていただかなければ生きていけないレベルを言います。

その後成長して、徐々に「テイク・アンド・ギブ」レベルへと変化します。

何かしてもらったら、その恩返しとして何かを与えられるレベルです。

もちろん、〝ありがとう〟という言葉によって感謝を伝えることも相手に〝与える〟

ことに含まれます。特に、最初の頃は、〝ありがとう〟の言葉しか返せない場面も多々あるでしょう。

さらに成長していくと、「ギブ・アンド・テイク」のレベルに到達します。

何かしてもらうことを待つのではなく、自分から積極的に周りの人に何かをしてあげて、その結果、見返りを受け取るということです。

このレベルになると、人は幸せを感じはじめます。

そして、究極のレベルとして、**「ギブ・アンド・ギブ」**があります。

既に立派な**成幸者になった方は例外なくこのレベルに達しています。**

しかし、与えられた相手は必ず「お返ししたい」というメンタリティが芽生えます。

その思いが回りまわって必ずあなたのもとに返って来ます。

それは、あなたが期待するもしないも関係なく、必ず返って来ます。

このようにして返って来る場合は、自分が与えたものより成長して大きくなって返って来るようになっています。

そうやって、成幸者はますます幸せになっていくのです。

# "Time is Money"という考え方

ビジネスの世界では「Time is Money（時は金なり）」という言葉をよく使います。

その意味は、「時間はお金と同じように大切な価値があるから、無駄に過ごしてはいけない」ということです。

「お金で時間を買う」という言葉もあります。

もちろん、現実的に時間を売り買いするのではなく、たとえば、電車でも行ける場所にお金を余分に払って飛行機で行き、早く着くようにするとか、温泉地でのんびりとした時間を有意義に過ごすとか、そういうニュアンスで使われています。

つまり、作業の効率化にせよ休暇の有効利用にせよ、いずれにしても**自分の思いどおりになる時間を多く作るためにお金を払っている**わけです。

お金を出し惜しみして、電車を利用するとなったら、出かける時間を早めなければなりません。

仕事上の出張であれば、到着時間の遅れに従って、終わり時間も遅くなってしまうでしょう。それに伴って、自宅でくつろぐプライベートな時間も減ることになります。

また、温泉旅行の費用を渋り自宅に留まった場合でも、結局何もせずダラダラと無駄に過ごしてしまったり、パチンコなどのギャンブルで散財したりして、満足感どころか鬱憤が溜まってしまい、まったくリフレッシュができないかもしれません。

自分の理想の時間を確保するためには、ある程度の出費は仕方なしと思ったほうがよいでしょう。

ここで、お金の働きを少し変えてみます。

「欲しい物を手に入れるためのもの」ではなく、**「理想の時間を買うためのもの」**と捉えてください。**それ以外の機能や目的は一切考えません。**

そうして、昨日の「買い物」を見直してください。すると、この理想の時間を買う働きに置き換えてもすべて収まってしまうと気づくはずです。

もう少し具体的な例を挙げます。

たとえば買い物した中に、食べ物があったとします。これは当然満腹感を味わう幸せな時間となります。そして、その後も空腹に困らず快調に過ごせる効果があり、有意義、且つ無駄のない時間を買ったことになります。

食べ物以外の買い物には、電気代の支払いなどがあったかもしれません。これは、未来の時間への支払いです。もし、支払わなければ電気を止められてしまい、あらゆる電化製品が使えず、暗闇の中で効率の悪い時間を過ごすときがくるのです。やはり、これも快適な時間を買ったと言えるでしょう。

こう見ると、お金を払うのは基本的に時間のためと考えられるようです。

では大富豪は、時間についてどのように考えているのでしょうか？

彼らの時間観は**「時間は未来から流れてくる」**というものです。

未来とは過去の積み重ねで作られるのではなく、望んだ未来の夢や目標から現在が作られているということです。

だから、未来という時間を強く意識してお金を使い、それが今の自分の豊かさにもつながっていると考えています。

そして、〝Time is Money〟の大切さも忘れません。

人の寿命はお金で買えないことはわかっているので、〝時間を買う〟とか〝空間を買う〟ということには惜しみなくお金を使います。

たとえば、飛行機や新幹線等の移動手段に対してお金を払い、所要時間を短縮したり、心地よい空間と上質な人脈との出会いの場を得ようとするのです。

そういうことが結果的に、経済の自由、時間の自由、健康の自由、人脈の自由のすべてを広げることにもつながるということを知っているのです。

## 「ストック（キャピタルゲイン）」でなく「キャッシュフロー」を重視する

ストック（キャピタルゲイン）とキャッシュフローという言葉は、資産運用や金融投資などの業界では頻繁に使われます。

キャッシュフローとは、毎月○○万円などといった定期的な収入を確保する仕組みを構築することで、ストックとは、1度に大金を手に入れることです。

この二つを比較した場合、大半の凡人はストックに興味を示します。

宝くじで1等4億円の当選を期待したり、FX（外国為替証拠金取引）で高レバレッジをかけたりするなど、あわよくば短期間で大金を稼ごうと目論んだりしますが、こういう方法で手に入れた類いのお金は、なぜか決まって身につかず、大富豪や成幸者となる土台にはなり得ません。

一方、大富豪や成幸者になっていく人たちはそれに気づいているので、ストックには目もくれず、キャッシュフロー収入に意識を集中させて、定期的に収入が保証される仕組みを模索します。

両者の違いをたとえるなら、ストックは肉牛を扱う畜産農家で、キャッシュフローは乳牛を扱う酪農家ということになるでしょう。

肉牛は一度売却してしまうとある程度のまとまったお金を得られますが、後には何も残らず、収入の持続性はありません。

これが乳牛の場合だと、母体を手放さない限り、搾乳を毎日行うことで安定した収入を得ることができます。つまり、キャッシュフロー収入となるのです。

こうして、経済の自由を手にしたことから、労働収入ビジネスからも脱却できれば、「時間の自由」も手にすることができます。

ここで注意していただきたいのは、この**経済の自由から時間の自由を得る流れは、資産の大小は関係ないということ。**

大富豪で莫大な資金があるから、そういうことができる、と思いがちですが、そんなことはありません。

この思考さえ習得していれば、少額の資金であっても十分可能なのです。

第一、今の大富豪たちも最初から大金を所持していたわけではありません。足りない分は他人のお金を利用するなど工夫して補うことで、収入システムを構築し、結果キャッシュフロー収入の獲得にも成功したのです。

すぐには得られずとも、目先のお金にとらわれることなく、後に安定して得られ続ける収入のパイプラインをいかに築くかが重要ということです

# お金持ちはなぜ多額の寄付ができるのか？

2011年の東日本大震災のときの話です。

被災者への義援・支援金として、ソフトバンクの孫正義氏が個人で100億円を寄付したことは当時のニュースになるほど話題になりました。

この他、企業としてもソフトバンクグループで10億円を寄付したり、震災後の福島県を訪ねてインフラ復旧などへの協力を申し出たり、震災で両親を亡くした震災遺児に18歳になるまで携帯電話を無償貸与する方針を打ち出すなど、公私両面で被災者支援に積極的に取り組んできました。

震災以前にも、孫氏はソフトバンク代表としての役員報酬（当時2009年度の実績では約1億8000万円）を引退するまで全額寄付するという衝撃の発表をしています。

このニュースを知ったとき、「こんなのはお金が有り余っているからできるんだ」と、簡単に受け流していた人もいたでしょう。

しかし、冷静にその金額を考えてみてください。いくら孫氏が大金持ちとしても、簡単にできることではないと思いませんか。

広い世界には孫さん以上のお金持ちはまだまだいます。その中にはそこかしこに寄付する大富豪もいますが、これほどの金額を寄付してしまう人は世界中どこを探しても見つかりません。それぐらいに彼がしたことにはインパクトがありました。

仮に、孫さんの総資産が1兆円だったとします。そして、復興を支援するためには1兆円の寄付が必要だと彼が考えたとしたら、どうしたと思いますか？

おそらく孫氏は全額の1兆円を寄付したでしょう。

なぜならば、経済の自由を得た成幸者の最も大切な資産はお金そのものではなく、お金を作りだすスキルだと考えているからです。

『金持ち父さん、貧乏父さん』の著者ロバート・キヨサキ氏や『億万長者専門学校』の著者クリス岡崎氏らなど、数々の成功者研究家が皆同じことを唱えています。

**〝本当の億万長者とは、1億円を持っている人ではなく、1億円を失くしても新たにそれ以上の金額を稼ぎだすスキルを持っている人〟**だと。

要は、**お金よりスキルを重要視**しているのです。

その理由は、お金は盗まれる危険性がありますが、スキルや経験は盗まれる心配がないからです。そういう意味で、これ以上信頼できる安全資産はないと言えるでしょう。

この視点から見ても、宝くじなどで安易に得る大金の価値のなさがわかっていただけると思います。

何かで大金を得た場合、その金額をいつでも手にできるスキルを身につけることが、何よりも最優先事項だということを忘れないでください。

## 常に自己責任を意識し、自己投資を忘れない

物事が自分の思い通りにうまくいかないと、他人や物のせいにする人がいます。

・場所が悪かった
・タイミングが悪かった
・ライバルのせいだ
・景気が悪すぎる
・育てられた環境のせいだ

こういう難癖をつける人は、「責任」という重みに耐えられないのです。

従って、無意識のうちに逃げようとして、例のような発言につながります。そうする

ことで、肩の荷を一旦は下ろすことができますが、所詮その場しのぎに過ぎず、あとでまた必ず同じような重荷が降りかかってきます。

貴重な人生において、こんなことを何度も繰り返しながら歳をとり、いつのまにか人生を終える。なんとも、もったいない限りです。

一方、成幸者は自己責任を意識します。

逆に言えば、自己責任を意識しながらの判断や行動ができなければ、成功者やお金持ちになれなかったのでしょう。責任をとれる自信があるのでポジティブに挑戦でき、さらに成功する確率も高くなるのです。

万一チャレンジが失敗しても、自分の非を素直に認めて、責任をとりながら次へのチャレンジへとステージを上げていきます。

凡人がこういう思考を持てないのは、〝失敗してはいけない〟と子どものころから教え込まれる習慣が影響しています。

学校の試験にしても、日本は加点法ではなく減点法での採点が基本になっており、いかに失敗させないかという教育が主流です。そのせいもあってか、日本人はなかなか素直に非を認めようとはせず、謝ることへの抵抗感も根強く残っています。

このような理由から、常に他人のせいや物や環境のせいにしたがるのではないでしょうか。

また、**成幸者は自己責任を基に自己投資を忘れません。お金でも時間でも、さまざまな自己投資に向けているのです。**

「生きたお金を使え」という言葉があるように、自分へのご褒美とこじつけてストレス解消とかメンタルケアなどにお金を使う人がいますが、これでは大切な自分の人生に向き合っているとは言えません（自分へのご褒美が一切ダメと言っているのではありません）。

高収入を得られる人は、高くても有益だと思えるセミナーがあれば極力参加することを心がけますが、そこに直接的な費用対効果を期待することはありません。あくまで自己投資の感覚なのです。

本を買うとかさばるからとか、お金を出すのがもったいないからといって、本屋やコンビニで立ち読みをする人がいますが、そうやって読んだ本から得た知識は決して身につきませんし、さらに言えば、そういう行動をとっても、結果的には節約などできていないのです。気づいていないだけで、節約した分と同じ金額を出費する結果を自動的に生んでいるのです。

**「ギブ・アンド・テイク」は自己投資してはじめて身につくものだと思います。**

もちろん、本を買うことも知識を高める立派な自己投資で、必ず未来の自分に利益をもたらすので、それを逃さないためにも、立ち読みなどのみっともない行為はやめることをおすすめします。

## お金を「いかに得るか、いかに貯めるか」ではなく、「いかに使うか」を考える

どれほど裕福でお金に困らない人でも、必ず一度は思ったことがあるはずです。

「お金が欲しい！」と。

欲しいが故に、いかに得ようか、いかに貯めようかという思考で考えがちですが、成功してお金持ちになる人はまったく違うのです。

彼らの思考では、お金を「いかに使おうか」と始まります。

お金を得る（儲ける）とか、お金を貯める（貯金する）といったことに意識を置かず、
もちろん、これはお金が有り余っていることが原因にはなりません。なぜなら潤沢な貯金がないときから、このような意識を持っているからです。

**あくまで使い方にこだわります。**

特に大富豪と呼ばれる人は、お金の使い方が実にうまいと感心させられることが頻繁にあります。

食事の支払い一つにしても、相手に気を遣わせずに、お喋りしている雰囲気や流れに沿って、自分が出しやすいタイミングでスマートに支払いを済ませます。

また、高額な品物を買うときには、その買い物が何をもたらしてくれるのかをさりげない表情でしっかりと分析し、無駄遣いと思われるようなものには決してお金を払いません。

2011年頃から、海外の小麦などの農作物価格上昇の影響で、麺やパンなど、世界的に食料価格が高騰し、軒並み値上がりし続けています。

また、国内では塩も大幅に値上がりしています。塩については原発災害の影響らしい

のですが、アベノミクスと相まって徐々にインフレ懸念が出始めています。

世界の経済指標発表によると、２０１０年6月から約1年で世界の食料価格は実に40％上昇。その後も伸び続けて、現在は高止まり懸念が囁かれています。

食料の価格が10％値上がりすると、世界で１１００万人が餓死すると言われています。となると、この1年間で餓死するのは４４００万人ということになり、その数はお隣韓国の人口にも匹敵します。

こんな、恐ろしい変化でも大富豪は常に敏感で、何に投資すべきかを真剣に考えて、賢いお金の使い方をしています。


では、このような使い方の上手な人は、経済投資について日頃どのように考えているかご存知ですか?

彼らはこう考えています。

**「今ある手元のお金をどう使えば、このお金は喜ぶだろうか」**

そう考えながら実践を繰り返すうちに、お金との付き合い方が変わってきます。そして、金運が上がると、金回りが良くなるのでさらに資産が増える結果となるのです。

# 起こったことはすべて必然

仕事やプライベートで思わぬ幸運に出会うことがあります。

営業活動もしていないのに、相手のほうから魅力的な案件を持ってきてくれたり、たまたま買い物で訪れた店で抽選会に参加すると大当たりが出てしまったりと、ラッキーとしか言い表せない幸運に巡り合うことがあります。

これとは正反対な出会いで、予期せぬアクシデントに巻き込まれることもあります。

乗った電車が踏切事故で数時間車内に閉じ込められてしまったり、普段から利用している道路でなんとなくアクセルを踏んだ途端にスピード違反で捕まったりという、運の悪さにがっかりすることもあります。

これらは単なる偶然の産物で片付けるのではなく、必然の出来事だと捉えると、その後の展開が随分と違うことを知っておいてください。

大抵の場合、**大きな出来事の前には必ずサインが用意されています**が、日頃から注意深く周囲を見ていないと見落とす可能性もあります。

たとえばあなた自身が、または大切な人が悲運にも交通事故に遭ったと仮定した場合、その事故の前には必ずサインがあります。

道を歩いているときに出くわした救急車のサイレンだったり、友人から他人の事故の話を聞かされるなど、いろいろなサインが考えられます。

そのため、普段見慣れない光景や音などに気づいたときには、その意味を考えるクセをつけておくことが大切です。

そして、このときに注意したいことは、自分にとってマイナスになることは絶対に考えないことです。

救急車のサイレンを聞いたときにも、「健康に感謝する」とか「車の運転には気をつける」などと常にプラスになることを考えるように受け止めて、間違っても「両親の身に何か……」というような思考は持たないようにしましょう。

**成幸者は、起こる物事に偶然は一つとしてなく、すべて必然だと言います。あらゆる事象に必ず意味はあるのです。**

それ故、起きたことはすべてプラスに解釈することが望ましいのですが、そうは言っても落ち込んで弱気になっていたり、知らず知らずのうちにマイナス思考になっていたりすることも時にはあります。

でも、安心してください。

**ポジティブ思考は、ネガティブ思考の何倍ものエネルギーを持っている**ので、仮に1度ネガティブ思考に陥っても、2度のポジティブ思考によって、一気に倍のポジティブ状態にもっていけるのです。

間違っても、ネガティブに陥ったとき、

「あ～またネガティブなことを考えてしまった……、ダメだな、自分って……」なんてがっかりしないことです。ネガティブの深みに入り込んでしまうだけです。

時にネガティブ思考に陥ったとしても、楽観的にイイことだけを考えてリカバリーするようにしましょう。

ところで、なぜ人間は悪いことを考える、すなわちネガティブ思考に陥りやすいのでしょうか？

それは、人間の脳の究極の役目「生命を維持すること」に関係しています。

生命の維持、要するに、死や危険を回避することが脳の最大のタスク（役割）であるため、常に脳は最悪の場合に備えて悪いことを考えようと働きます。ということは、**人間は普通に暮らしていれば、基本的にネガティブ思考だということです。従って、意識してポジティブ思考を心がける必要があるのです。**そういう思考で物事を捉えて判断して、解釈することにより、脳のバランスを保つことができます。そのようなことを意識して日頃から生活していると、心のエネルギーが満たされ、さらにポジティブに行動でき、人生において良い変化がもたらされるでしょう。

## 逆境のときにどう過ごすかによって、お金がやってくるのか逃げるのかが決まる

人生を二分すると、「順調なとき」と「（苦しい）逆境のとき」があります。

生まれてからずっと順風満帆な人生という人など存在しません。一見すると、試練などまったく受けずに幸せな人生だけを歩んできたような人もいますが、そういう人にも例外はありません。

他人にはわからないだけで、順調なときと逆境のときは必ずあります。それどころか、大富豪の逆境は長く辛く、そのレベルは凡人とは比べ物にならないほどの過酷なものになっています。

この逆境に立たされたとき、人は次の二つのタイプにわかれます。

**・苦しくて腐ってしまう人**
**・文句も言わず立ち向かい前進する人**

もちろん後者が成幸者となり得る人で、歴史で名を残した偉人にも多く見られます。西郷隆盛や本田宗一郎など、多くの人が試練を前向きに捉えて、時には耐えて、時には前が見えずとも前進して人生を変えています。

牛乳も腐ってしまえば飲めなくなりますが、乳酸菌を入れたらおいしいヨーグルトになります。自分自身を腐らせるか、さらに「価値」を上げるかは、自分次第なのです。

成幸者は逆境を、**〝成功するための要素、必要不可欠な試練〟**と捉え、腐らず、将来の成功した自分を思い浮かべます。

そのため、時には薄ら笑いさえ浮かべてしまうので、周りの人から思考が壊れてしまったと受け取られることもあるでしょう。

そんなことなど気にせず、逆境を耐えて耐えて耐え忍んだ結果、ようやく大きな富を手にするのです。

逆境のときのあなたのスタンス次第で、腐った牛乳にもなり、美味しいヨーグルトにもなることを忘れないでください。

彼らは口を揃えて言います。

**「この逆境のときの過ごし方こそ肝心である」**と。

## 成幸者にとっての〝最悪〟とは

経済の自由を手にし、労働収入ビジネスから解放され、時間の自由と健康の自由も手に入れ、素晴らしい仲間に恵まれて人脈の自由さえ手に入れた成幸者が人生において、〝最悪〟と思うことは何でしょうか？

成幸者にとって、最悪と思うことは次の二つです。

**「死」**
**「体が動かなくなること」**

彼らには失敗しても成功するまで続けられる信念と意志があるので、止まらなければ失敗も最悪なことにはつながりませんし、それ以外のことなど残念とすら思わないのです。

もし、あなたが健康であるなら、どんな困難でも悲観することはありません。

会社からリストラされても、会社が倒産して自己破産したとしても、むしろ一からやり直せる快楽ができたぐらいに思えばよいのです。

人生をリセットしたいと思っていても、一からやり直すチャンスなど滅多になく、きっかけが見当たらないままズルズルと平凡な日々を送り続け、そのまま年老いていく人が世の中の大半を占めています。

常に何かに脅えて行動に移せないことばかり……。こんな生活を一変させるには、人生をリセットしてみることです。人間誰しもリセットすることは決して容易くなく、相当な勇気が必要ですが、命があり、動かせる体があれば最悪ではないと思うことで、ほとんどの試練も乗り越えていけるのです。

無気力な集団から抜け出し、自堕落な生活を一変させるには、勇気ある一歩が必要なのです。

とはいえ、今あるものを失くして、新たにスタートを切るには大変な決断力や行動力を伴うでしょう。それでも、命があって動かせる体があるならば、最悪なことなど何もないと思えば、どんな試練だろうと乗り越えていけるはずです。

私の経歴を見ると、順風満帆な人生を歩んできたと思われがちですが、人に言えないほどの試練とどん底を経験してきました。

しかし、苦しいときほどこのように割り切る意識で人生を好転させてきたことを信じてください。

# プレッシャーを楽しむことが富につながる

盛大な結婚式でのスピーチや、失注できない営業のプレゼンなど、プレッシャーがかかる場面が苦手だと思っている人は多いのではないでしょうか。

立場や成り行きで仕方なくその役目を担ったときには、心臓がドキドキして、「もう無理。絶対できない」と弱音を吐いたりします。そのため、人はプレッシャーをできるだけ避けたいと思い、自らプレッシャーを得ようとする人はまずいません。

しかし、この**プレッシャーというのは、成功してお金持ちになるためには必要不可欠とも言える要素**で、成功前に経験する〝試練〟ともまた違った意味を持ちます。

先日、ある水産業を営む社長にお聞きした話があります。

フグを下関から東京へトラックで輸送する際、片道およそ1000キロの道中のため、通常の輸送法だと振動などの影響で必ず数匹のフグは死んでしまうそうですが、死なせない方法があるというのです。

長い輸送にもかかわらず、１匹も死なせることなく元気な状態を保たせる方法。それは、「輸送するときの水槽の中に、フグの天敵であるカワハギも一緒に入れる」というもの。

これによって、フグは常に危機感を持ち続けるようになり、死亡率が格段に下がるというのです。

カワハギを前に気を緩ませると命取りになると思い、輸送中ずっと気を張っていたと考えると、少々フグには気の毒ですが、おかげであの世に逝くことなく元気を保てたのです。

普通に考えれば、商品であるフグを天敵と一緒に運ぶなどありえない発想ですが、それがかえってフグの活きを保たせる結果を生むとは驚きの一言です。

この例のように、**生き物というのは、一定のプレッシャーを感じることは生きる上での必要条件**でもあると言えます。

もし、あなたが現状の生活に不満があり、成幸者になりたいという願望があるなら、プレッシャーがないような穏やかな日々を過ごしていては、大きく好転することなどありません。

〝楽をする〟その代償にあるのは、〝望みなき未来〟なのです。

それで本当にいいのか？　幸せな成功者になりたいと思わないか？　たった一度の人生を、じっくりと考えることをおススメします。

COLUMN

# 現在の金融システムはロスチャイルドが作った

2008年頃だったと思います。私はさまざまな経営者交流会やセミナーに顔を出していた時期がありました。

その頃に参加したある経営者交流会の場で、日本経済人懇話会会長の神谷光徳氏がゲストスピーカーとして登壇されたことがありました。

会場中の注目を集めた彼の第一声は、「皆さん、リーマンショックで世界中の金融市場はパニックになっていますが、現在の金融経済界に〝影の首領（ドン）〟と呼ばれる人物がいるのをご存知ですか？」というものでした。

神谷氏は、経財界と政界の両方に豊富な人脈を誇り、顔の広さは日本一とも言われるほどで、〝人脈の神様〟とも呼ばれる人物です。

それを知っていれば、否が応でもこの問いかけの先にある答えに期待を持ってしまいます。

当時の私は金融業界にはまったく縁がなく知識もありませんでしたが、この問いに興味を持ち、皆が首をかしげる中で、一緒になって「誰だろう？」と頭を巡らせました。それらしき答えが出ることもなく、会場にやや沈黙した空気が流れたあと、壇上の彼が口にしたのは「ロスチャイルド」という名前でした。

私も名前くらいはどこかで聞いた覚えがありましたが、実際にその人物が何者なのかなど詳しいことは一切知りませんでした。

しかし、〝影の首領〟という肩書きを聞いては、放っておくわけにはいきません。私はすぐにインターネットで検索して、ロスチャイルドについて詳細に調べました。

結果、想像以上にすごい人物であることがわかり、心底驚きました。

これがきっかけになり、私はフォース（潜在意識による引き寄せの法則）を使って、彼と実際に会うチャンスまで引き寄せることになったわけですが、この辺の詳しい話については、私の処女作『世界の大富豪2000人に学んだ幸せに成功する方法』（総合法令出版）をお読みいただくとして、ここではロスチャイルド家と金融の歴史について触れてみたいと思います。

現在の国際的な金融システムをつくりあげたのはユダヤ人で、その歴史は300年前の18世紀に遡ります。

ヨーロッパのキリスト教社会においては、ユダヤ教徒たちは「キリストを十字架にかけて殺した罪人」としてひどく迫害されていて、ほとんどの職に就くことを禁止されていました。

それ以外にも、土地を持つことが制限されていて、農業を行うことすらも許されていませんでした。

そんな厳しい状況の中、ユダヤ教徒たちが就くことを許されていた数少ない職業に、高利貸し（質屋）や金塊の保管人、両替商などがありました。これらの職業は、当時のキリスト教徒から忌み嫌われていた背景があったのもその要因になっています。

つまり、現在の金融業というのは〝ユダヤ人迫害〟から生まれたといっても過言ではないのです。

そして、18世紀後半から19世紀にかけては、社会構造が大きく変化を見せた産業革命が起こりました。

この大きな変革の波によって、資本主義は世界に広まることになりました。

これにより、産業振興や侵略戦争などに各国が運営資金を必要とするようになり、金融を牛耳っていたユダヤ人たちを求めたのです。

彼らは、世界で最も上手にかつ自由に資金を調達できたからです。

ヨーロッパ各国の王室にとって必要不可欠な存在となったユダヤ人たちは、国家財政や金融調達の中枢を担うようになり、同時に権力をも手にしはじめました。

その中でも、最も強大な影響力を持った人物こそ、ロスチャイルド家の人々なのです。（『金融のしくみは全部ロスチャイルドが作った』安部芳裕著〈徳間書店〉参照）

現在の紙幣（銀行券）を用いての取引や、ヘッジファンドを代表とする金融商品の仕組みなど、そもそも世界の金融システムそのものを構築したとも言われており、この300年に渡って世界中に影響力を持ち続けてきた世界一の大富豪一族、ロスチャイルド家。

その資産に至っては、〝億〟どころか、もはや〝兆〟の単位も超えて、さらにその上にある〝京〟の単位に達するとまで言われています。

21世紀初頭、ロスチャイルド家が中央銀行に影響力を持っていない国は、全世界を見渡しても、イラン、北朝鮮、スーダン、キューバ、リビアの5ヵ国だけとされています。

また、それ以外の各国にある銀行、保険を中心とした金融会社の他、通信企業、石油会社、金属・重工業、食品会社など、国や民族に関係なく誰もが知る大企業も多数所有しているのです。

これらを考えれば、彼らが全世界の経済を影で動かしていると思われても不自然ではなく、それどころか、そう考えるのがごく自然にも感じます。

# 第4章

Wisdom of money learned to millionaires

# 成幸者の、経済的自由を手に入れる習慣

# ケチではなく倹約家(生き金を使う)

無人島で自給自足の生活をしているような人以外、人間は生きていくためにはある程度の収入が必要となります。サラリーとして得られた収入は、毎月ほとんど同じような使い道になるのだと思います。

・家賃や家のローン返済
・食費
・子どもの塾代などの教育費

既婚者で小遣い制の場合、何に使っているでしょう。

趣味や飲食代などが多いと思いますが、好きなことにお金を使うことはとても良くて、ストレスフリーにもなり、生きている意義にもなります。

しかし、成幸者を目指している人には考えていただきたいことが一つあります。

それは……

**「その使ったお金は自分の未来に投資しているものですか？」**ということです。

・野球やサッカーなどのスポーツ観戦に行く
・好きなアーティストのコンサートに行く
・ディズニーランドやユニバーサル・スタジオなどアミューズメント施設へ行く
・趣味で集めているモノを買う

この支払いによって、将来、人生を変えるようなビジネス、またはライフワークにでもしようと考えているのなら、もちろんOKです。そうではなく、「ただ楽しいから」だけではNOです。

では、どんなものにお金を使うのか。次のようなものであれば理想的です。

**・人との会食（おごってあげてもいいと思います）**

**・セミナー参加やスキル習得のための教材購入（本やＤＶＤの購入）**
**・ビジネスや金融商品への投資**

飲み会をするにしても、いつもと同じメンバーばかりではなく、新しい出会い（人脈形成）のためだとより良いでしょう。

目的を持った生きたお金というのは、一度手元から離れたとしても必ずあなたの元に戻ってくるようになっています。

簡単に言えば、**自己投資は〝元金１００％保証！　リターン確実！〟な投資案件**なのです。

大富豪たちは豪快にお金を使っているようですが、無駄遣いはしていません。

お金は自分を幸せにしてくれる大切な道具だと熟知しているので、有益を生み出す可能性が無いものは、〝死に金〟と見なして、千円だろうが百円だろうが使うことはないのです。

凡人が大富豪のこのような姿を見ると、「腐るほどお金があるのに、なんてケチなんだ……」などと思いがちですが、それはお金の使い道を何も知らないためです。

『金持ち父さん　貧乏父さん』の著者であるロバート・キヨサキ氏が、以前こんなことを言っていました。

「大富豪がニューヨークを歩いていて物乞い（乞食）に出くわしてもビタ一文恵んであげないのは、恵んだところでニューヨークに太った乞食が増えるだけだから」

その通りだと思います。彼らが自立するためのお金であれば、意味は大きく変わりますが、そうではなく、単純に普段より食事が豪勢になる……、ただそれだけの変化にしかつながらないのであれば、それを何度繰り返しても、結局彼らの太った体型以外には何も変わりません。これぞ、まさに死に金です。

**何かの役に立つ、〝生き金〟として使ってこそ、お金は喜びます。**

お金が喜べば、仲間を連れて帰ってきてくれますから、ますます経済の自由を手に入れることになります。

さて、あなたのお金は喜んでいますか？

# できないことで悩まない

事の結果も出ていないうちから、その恐怖や不安で悩んでしまう人がいます。

過去の失敗を思い出して、くよくよ悩む人もいます。

こんなことであれこれ悩むより、既に軌道に乗っている良いものを今後どう進めるべきか？　ということに意識を持ったほうが絶対に良いのです。

過去に失敗があるなら、同じ失敗を繰り返さないためにはどうしたらよいのかと、次の機会に生かす前向きな考え方をすれば、心のパワーが高まり、〝くよくよ悩む〟という悲観的な気持ちもいつのまにか消し去ってしまいます。

だから、どんなことでも悩まないという意識を持つことを習慣づけて、**どんなに悪いことに直面しても、それをいかにすれば少しでも良い方向に進められるかと、常に物事を前向きに考えることが非常に大切な心がけなのです。**

とはいえ、悩んだり考えたりすることもあるでしょう。そんなとき、どうすれば解決できるか？

実は、悩みには次の2種類しか存在しません。

**「自分がコントロールできること」**
**「自分がコントロールできないこと」**

収入や食事、日々の習慣などは、自分が決意した時点で、達成するまでの時間に差はありますが、だいたいは思い通りになるものなので、〝コントロールできること〟になります。

それに比べて、天候や株価、自分の上司や妻（夫）などは思い通りにはならず、〝コントロールできないこと〟になります。それなのに、これらに意識を向けて無駄な時間を浪費する人が多いのも事実です。

自分でコントロールできないことを、どれだけ悩もうが仕方がないというのに……。

こういう人は、自分の思い通りにならないものと向き合っているわけですから、おのずとマイナス思考に陥る傾向にあります。

「どうしてあの人はわからないのだ……」

「あの人がいなければ……」

「なぜ株価が上がらない……」

結果的に、心の中がマイナスオーラで染まり、やがて表情や外見にも現れてきます。もちろん醜い有様となって……。

そうならないためにも、今日1日の中であった困難や難題を考えてみてください。それは自分でコントロールできたことか、できなかったことか。

そして、**コントロールできないことであれば、意識の中からさっぱり排除しましょう。**

そうやって整理すれば、余計な障害物に阻まれることもないので、人生もスムーズに前進するに違いありません。

# お金を稼ぐほどストレスが減る？

お金を稼ぐこととストレス、その間にはどのような関係があるでしょうか。

お金持ちになれない人は、お金を稼げば稼ぐほどストレスが増えると考えているようです。稼ぐために日夜精力的に働いていたり、稼いだお金を泥棒や強盗からどうやって守ろうかと考えたりするので、ストレスをため込んでいるように見えるのでしょう。

しかし、当のお金持ちは、お金を稼げば稼ぐほどストレスが減ると考えています。理由は多くの問題が、お金で解決できてしまうからでしょう。

考えてみれば、仕事と人間関係のストレスは金欠によるものが大半を占めています。そのため、お金があればそれらを片付けられるのです。

このことからも、経済の自由を得ることは大切だとわかりますが、併せて健康にも気とお金を使い、多くの上質な人脈を持てるようになれば、ついにあなたも成幸者の仲間入りです。

できるなら早く仲間入りを果たしたいと思うでしょうが、経済の自由が手に入らない人の共通点は、お金に対してネガティブ意識を持っていることです。


「自分にお金持ちは似合わないのではないか？」

「お金持ちになったら恨まれたり、妬まれたりしそう」

「お金持ちになったら悪いことが起きそう」

「自分がお金持ちになることで、他人の取り分が減り、その人が貧乏になってしまうのではないか」


等など。

理由がどうであれ、こういうネガティブ意識を持っている限り、経済の自由が手に入ることは絶対にありません。同じ意識を持つのであれば、

**「私はお金持ちになる権利がある（そうなる運命だ）」**

**「お金持ちになれば、良いことばかり起きそう」**

**「お金持ちになって、多くの人に富を分け与えたい」**

このようにポジティブな意識にしたいですね。

## 時間を大切にすることで富がやってくるという考え方

「桃栗三年、柿八年」

聞きなれたことわざですが、実はこれ、冒頭部分を抜粋したもので、全文は次の通りです。

「桃栗三年、柿八年、柚子は九年で成りさがり、梅はスイスイ十三年、梨はゆるゆる十五年、梨の大バカ十八年、ミカンのマヌケは二十年」

これは、人間が成功するまでにどれくらいの時間がかかるかをたとえたものとも言われていて、一朝一夕に事は成せないことがわかります。

同じように、成功本を読んだからといって、成功セミナーに参加したからといって、1ヵ月や2ヵ月で変化や結果が出るなどと思うのは、気が早いでしょう。

最低でも3年は様子を見る必要がありますが、ここで大切なのは、**成功するまで諦**

**めずに続けること**です。

２０１１年に古川聡さんがロシアのソユーズ宇宙船に搭乗し、国際宇宙ステーション（ＩＳＳ）での約５ヵ月半に及ぶ長期滞在の旅に出発しました。

そのとき、彼は47歳ですが、国際宇宙ステーションに搭乗する宇宙飛行士候補者に選ばれたのは１９９９年（34歳）のことでした。

それから、13年後に外科医から転身した遅咲きの中年飛行士がようやく夢の初飛行に臨んだわけですが、よく13年も我慢できたと思いませんか？

宇宙船打ち上げ前の記者会見で彼はこのようなことを言っています。

「自分でコントロールできないことを悩んでも仕方がない。そう気持ちを切り替えて、ソユーズの訓練やロシア語の勉強を地道に続けた。すごく長かったが、逆に十分に準備できる時間があってよかった」

かなりポジティブ（前向き）な発言だと印象を受けます。

つらく長い日々も、すべて〝よかった〟ことに変えてしまう。毎日、こんな気持ちで肯定的に過ごしていたからこそ、達成できたといっても過言ではありません。

といっても、13年の歳月がかかっているのです。

時間を大切にして、物事をプラスに捉えながら、日々やるべきことをやってきた結果、実現させたのでしょう。

まさに、「願った夢は、諦めない限り必ず叶う」を実証したニュースです。

## 世間の流行に流されない

2008年に起こったリーマンショックは世界経済を震撼させました。それ以降、金融のみならずあらゆる業界が変わってしまいました。

そして、私たち日本人にとっても忘れることのできない大惨事となった3・11東日本大震災。これ以降、日本は大きく変わりました。

財産をすべて失った人や、命までも奪われた人は数えきれません。今まで当たり前だった常識のことごとくが崩れ、意識も変わりました。

このような世の中を、成幸者は次のような視点で捉えています。

## 自然の流れや時代の波に乗ることも大切。

成幸者は、自己中心的に物事を考えて富を引き寄せているわけではなく、その時代や自然への調和を前提に引き寄せを行っています。

世界的な経済の流れや自然の大いなる力を前にすると、人間である自分の無力さに傍さを覚えますが、立ち向かって喧嘩しても意味がないと彼らはよく心得ています。

それよりも、時流に乗り、そこで生じるすべての事象を受け入れ、その上で時代にマッチした方法やタイミングをもって決断し行動をとることが、良い結果を生むと身をもって感じているからに他なりません。

その結果、経済の自由をさらに手に入れ、ますます成功していくのです。

それでは、この時代のうねりの中で、資産を増やす（守る）にはどうしたらよいのでしょうか？

『金持ち父さん、貧乏父さん』の著者、ロバート・キヨサキ氏は、常々こう主張しています。

「良い学校を出て良い会社に就職し、資産は長期に分散投資するという時代は終わっている」

現在、アメリカでも大卒者が職に就けず、学費ローンを返済できないでいるケースが多いそうです。

国も社会も、老後の面倒をみてくれる余裕はないという事実が浮き彫りになっているとも言え、何かに頼って生きていく時代ではないことが如実に表れています。

「今の世界で問題になっていることや足りないものに気づき、そこにチャンスを見出せるかどうかだ」

ロバート・キヨサキ氏が、人生の成功者とそうでない者の違いを言い表した言葉です。

１９８０年代、書類などを郵送する際、要する配達日数について企業が不満を持っていることに目をつけ、ＦｅｄＥｘやＤＨＬなどが台頭したり、日本でも佐川急便やクロネコヤマトの宅急便などの輸送ビジネスが急成長しました。

これと同様に、自分を取り巻く世界を見渡して、そこにチャンスを見出したなら、行動を起こすことが大切です。

人の感性や感情は千差万別で、自分では当たり前のように思っていたことでも、他人はそのことに気づいていないことも多々あるのです。

「自分が気づく位だから、きっと誰かも気づいて、すでにもう動き始めているだろう……」などと勝手に思い込み、行動を放棄するのはもってのほかです。

そして、思うだけではなく**一歩前に踏み出す**こと。

自分が考えていたことを誰かが実践し、成功を見届けてから、「自分も同じことを考えていたんだ」と自慢するように主張しても虚しいだけですが、これと似たようなことを繰り返しながら、人生を終えていく人は現実にかなりの数がいることも事実です。

あなたはどうでしょう？

## 自分のお金ではなく、他人の富を使って資産を増やす

自分一代で大富豪になった人は、「お金を貯める」→「投資する」→「成功する」→「お金持ちになる」という流れで財を成しているわけではありません。

世界の長者番付で常に上位3位に入るマイクロソフト社の共同創業者・会長のビル・ゲイツ氏。

彼は、まだ存在しないシステムを、「開発した」と偽って企業に売り込み、買いたいというレスポンスを実際に受けてから、慌ててプログラミングし、システム（サンプル）を徹夜で完成させたというエピソードを持っています。

完成したシステムや商品を売ろうとしたわけではなく、「アイデア」のみの状態で、うそぶいて企業に売り込むとは、なかなか大胆な行動に出たものです。

とはいえ、私も長くこのＩＴ業界でビジネスをしていると感じることですが、頭で思いついた理想的な機能というのは、だいたいはシステム化できてしまうものなのです。

「こんなことがコンピューターシステムやインターネットを駆使して実現すれば、どんなに素晴らしいだろうなぁ」

と思ったりするその内容も、まさに現実的に可能なシステムであり、あとはコストと開発リードタイムの問題によるだけになります。

ビル・ゲイツ氏の他にも、同じようにして成功をつかんだ人は他にも大勢います。たとえば、金融経済界のジョージ・ソロス氏もそうです。

彼は、1992年に英国の通貨、ポンドを売り浴びせてイギリスの中央銀行を破綻に追い込んだ張本人ですが、若いときは職を転々としながらアメリカのウォール街にて証券取引や金融投資を学び、自ら小さなファンド会社を立ち上げると、富裕層の人たちとの人脈を築いて、お金を預かるようになり、それをもとにして莫大な資産を手に入れることに成功しました。

つまり、最初は「信用」だけだったのです。

ビル・ゲイツ氏同様に、素晴らしい商品があったわけでも、投資に必要な貯金（元銭）があったわけでもなく、「信用」という要素だけが武器でした。

そして、やはり**不可欠だったものは、「人脈」です。**

両氏ともに素晴らしい出会いと信頼できる人に恵まれたことが、成功の要因になっていることは言うまでもありません。

ちなみに、ジョージ・ソロス氏は、現在、中国におけるチベット人コミュニティを支援するための独自の財団 Trace Foundation を持ち活動している他、世界の貧困解決のための非営利のベンチャーファンドである Acumen Fund（アキュメン・ファンド）の評議員を務めて社会貢献活動を行っています。

お金を手に入れると、この種の活動に必ず着手するのも大富豪の特徴です。

## 財布はお金の大切な住まい

あなたの財布はどんな物でしょうか？

くたびれた折りたたみ財布に、割引券やポイントカードをパンパンに詰め込んだりしている人を見かけたりします。しかも、その見苦しい財布をお尻のポケットに入れて街を歩いたりしています。

これまでお会いしたお金持ちの中に、こういう財布をお持ちの方は一人としていませんでした。

富裕層が所持する財布をいろいろ拝見しましたが、共通している点はとても綺麗でスマートなことです。間違っても、ポイントカードや領収書などで膨れ上がったりはしていません。

多くは黒かダークブラウンの長財布で、金運に恵まれるという黄色や金色の財布などは見たことはありません。

ここで、財布のカラーやデザインについて是非を論じたりはしませんが、お財布はお金の大切な住処という意識を大切にしていただきたいです。

お札の向きを揃えて入れることはとても大切ですし、角が折れていたり、シワシワだったりするお札を財布に入れることはよくありません。

自分では気をつけていても、お釣りなどでヨレヨレのお札を仕方なく受け取るときもあります。

そういうときは、お札の変更を求めたりはせず、ちゃんと受け取った後で、その傷んだお札を優先的に使うように心がければいいようです。

いわば、財布に入っている他の綺麗なお札に失礼とか迷惑と考えた気遣いと言えます。

そして、その傷んだお札を使用する際も、邪魔物を処分するような気持ちではなく、心の中で、**「ありがとう、行ってらっしゃい」**と感謝の気持ちを込めて、声をかけるようにします。

そして、このときも**「怪我を治して綺麗なお友達を連れて帰ってきてね」**と併せて、送り出すようにします。

前述にもありましたが、お金は好きな人、大切にしてくれる人のところには集まってくるので、もし、経済の自由を手に入れたいのなら、まずは今ある財布、そして、お札のケアから始めなければなりません。

あなたは本当にお金を大切にしていますか？

# 自分より身分の低い人や立場の弱い人にも敬意を表す

「実るほど頭を垂れる稲穂かな」ということわざがあります。

稲が実を熟すほど穂が垂れ下がるように、人間も学問や徳が深まるにつれて謙虚になり、小人物ほど尊大に振る舞うものという意味ですが、私がお会いした成幸者たちは、例外なく謙虚さを持っていました。

話し相手が年下であろうと、社会的地位が低い人であろうと、耳を傾けてしっかりと話を聞き、そして素直に言葉を受け入れる姿勢を常に忘れません。

素直な気持ちでいなければ、他人からの何気ない大切な一言を聞き逃してしまったり、有難い忠告も耳に入ってこなかったりするということでしょうか。

確かに、素直な人は総じて吸収力が早く、柔軟性も併せ持っていると思います。ここで言う柔軟性とは、「心を柔らかくして受け止め、自分の態度・姿勢を変えていく資質」ということです。

人間はどうしても、社会的地位が高くなったり、お金持ちになったりすると横柄な態度をとってしまいがちです。

ここが、ただの金持ちか成幸者かの顕著な違いになります。

成幸者が身分の低い人や年下の人でも差別なく接して、素直に話を聞く理由は二つあります。

一つは、**価値観の本質をわかっている**からです。

彼らは社会的地位の差や財産の大小で、人の価値は変わらないと思っており、年齢を重ねていても、必ずしも経験豊富で尊敬できる人とも限らないと考えています。

逆に、若くてもチャレンジを繰り返していて、失敗も成功も経験しながら成幸者のオーラを十分に放っている、尊敬できる人がいるのも確かなので、年齢による先入観を持たないのです。

そしてもう一つが、時に**神様はボイスチェンジをして重要なことを伝えに来る**と知っているからです。

自分の夢や願望を潜在意識にインプットすると、この潜在意識（私はこれを〝フォース〟〈映画『スター・ウォーズ』に登場するエネルギーのこと〉とも呼びます）は起きているときも寝ているときも、その答えを探して24時間活動しています。

そして、成果として良い情報が見つかれば、人を介してその答えを伝えてくることがあります。

その伝道師役となる人物は、必ずしも偉そうな人や神様の分身とも捉えられる姿などではなく、たいがいはその人を弄ぶかの如く、想定できない雰囲気の人である場合が多々あります。

ただ、謙虚で素直に人の話を聞けるため、中には意識していない成幸者もいるでしょうが、確実にその重要な言葉を逃さずに取り込んでいるのです。

前述のことわざのような人もいることは確かですが、意識しようがしまいが、どちらも同じ行動をとっていることには変わりありません。

## ポジティブ思考で諦めない

成功する人は、例外なくポジティブ思考だと、よく耳にします。

ただし、間違ってはいけないのは、ポジティブ思考であれば、必ず成功するわけではないということです。

空気が読めずに、常に楽観的な言動をして、同じ間違いばかり繰り返す人がいますが、こういう人が成功することはありません。

ポジティブ思考で成功して、「経済の自由」を目指すには大切なことが二つあります。

一つは、**「自分ができると思っているかどうか」**です。

こういう意識のベクトルの差は大きいと言えます。

二つめは、**「最初の一歩の行動」**です。

成功できる人は、人の助言を素直に聞き入れて、行動に移せますが、普通の人はその助言がどういうものなのか、頭（顕在意識）で内容を検討して、自分で納得しないと行動できません。

特に成功率の高い助言ほど、一般的には納得できない奇怪なものになっているようです。しかも有益な助言ほど理解に苦しむ傾向にあるようです。

それは、なぜか？

すぐに納得できる内容なら、ほとんどの人がとっくに成功していることになるからです。

では、なぜ成功できる人はそんな内容の助言を聞いて、すぐに行動に移せるのかというと、自分自身それほど頭が良くなくて、特別な能力もないと自ら素直に認めているからです（自信がないという意味ではありません）。

だから、自分より優れているこの人が言うのなら間違いないだろうという意識（潜在意識）があるだけで、理解ないままでも行動に移せるのです。

何をやってもうまくいかない人の相談を受けたときに、私が強く感じる共通点が、

「どうしても頭で考えてしまう」ことです。

そして、無意識のうちに自分の顕在意識が納得できる答えを勝手に探して、当てはめてしまうのです。そうなったら、一歩前に踏み出すことも至難の業になります。

**既に成功した人の言葉を心から信じて、まずはやってみることです。**そうすることで、初めて成功へとつながるスタートゲートが開くのです。

ただし、成功への道を歩み始めたとしても、まだ喜ぶのは早いです。いくら行動に移せたとしても成功できない人はいるからです。

そんな人たちには、共通する次の2タイプがいます。

- **言われたことしかできない人**
- **言われたことすらできない人**

言われたことすらできない人は論外として、一歩踏み出す行動においても、人に言われたことだけしかできない人はダメなのです。

自分の頭で考え、必要に応じてアレンジして、自分の道にしていかなければならないのです。

そして一番大切なことは、**最後まで気を抜かない**ことです。

ポジティブ思考で前向きに仕事を続けるということは、危険を回避するための用心深さも必要であり、結果的にそれが自信を生むことにつながっているのです。

## 見返りはその人から求めない

**〝返報の法則〟**をご存じでしょうか。

心理学などの専門用語として使われるもので、人に何かしてもらったお礼として、何かを返さなければならないとか、行動しなければならないと思う心理です。

デパ地下やスーパーマーケットでよく見かける試食がわかりやすい例で、商品を食べさせてもらった↓味も悪くない↓買ってあげよう！　という心理が生まれます。これが返報の法則です。

試食のケースのように、普通の見返りは、対象となった相手からの返しを求め、同等もしくは適当な返報がありますが、成幸者の法則は違います。

まず、当の相手からの返報を求めません。そして、**まったく違う人から、より大きな返報がもたらされる**のです。これが成幸者の常識です。

この見返りは何十倍にも成長して返ってくることも珍しくなく、成幸者はこのことを経験的にわかっています。

だから、目の前の見返りにこだわりがなく大らかな性格になり、さらに大きく膨らんだ富を迎え入れて、経済の自由も手に入れることができるのです。

見返りをその人から求めてしまうと、ストレスになる場合が往々にしてあります。

「あいつには何度もおごってやっているのに、おごってもらったことが一度もない。それどころか、感謝されたこともない」

「これだけいろいろな世話をしてやっているのに、その報いを受けたこともないし、ありがとうと言われたこともない」

こんなことを相手に何かするたびに内に溜めていては、ストレスも憎しみに変わり、暗黒面（※）にも引き込まれてしまうので、返報の法則はその相手から受けることを期待すべきではないのです。

※映画「スター・ウォーズ」における負の世界です。詳しくは私の著書『スター・ウォーズから学ぶ自分を成長させる方法』（中経出版）を参照ください。

## ラッキーグッズは大切に

人によって、縁起が良いモノとか色とか数字があると思います。

車を持っている人だと、ナンバープレートをお気に入りの番号にしている人などいるでしょう。その他、ツキを呼び込む服とか、持っていると運気があがるアクセサリーなど、その人にとってツイてる品物があるでしょう。

こういうものは意識して大切にしたほうが良いと思います。

それでは、大富豪が大切にしているようなラッキーグッズとはどのようなものなのでしょうか。

結論から先に申し上げますと、具体的にこれといった品物はありません。

想像するに、誕生石を使ったアクセサリーを身につけたり財布に蛇の抜け殻を忍ばせていたりしていそうなものですが、そのような傾向はなく、私の会った大富豪は、祖先の写真を大事そうに持っていたり、決して高価に見えない古びた指輪をしていたりしました。

おそらく、貧乏なときから苦楽を共にした指輪なのだと思いますが、今でも指にはめることにより、初心を忘れないように戒めると同時に、人生が劇的に好転し始めたときのことを思い出すため、ラッキーグッズとして身につけているのでしょう。

**大富豪にとってのラッキーグッズとは、人生が大きく好転し始めたときの、思い出のグッズ**とも捉えられます。

試練が訪れたり、心が折れそうになったときに癒してくれる、そんな思い出のグッズということですね。

成功する人は、このような縁起担ぎを大切にします。

日本人メジャーリーガーのイチロー選手は、試合のある朝は何年もカレーを食べ続けていたようですし、ビジネスマンでも大切な商談のとき用の、お決まりのネクタイやスーツがあったりします。

プロ野球では、勝ったときはパンツをはき替えず、勝ち続けている限り同じパンツをはき続けていた監督もいました。

ソフトバンク社の創業オーナー孫正義氏は、アメリカで事業買収を仕掛けたとき、数か月前のゴルフでベストスコアの72（パープレー）を記録したことにゲンを担いで、その金額で入札したら成功したなど、この手の話は色々と尽きません。

しかしなぜ、成功し続ける人は〝勝ち運〟を保つために、不思議なゲンを担ぐのでしょうか？

些細なことですが、**勝ったときの良いコンディションを少しでも崩さないようにしたいから**だと考えられます。前回勝ったから今回も勝てるという思い込みが、自分に自信を与え、幸運を呼び寄せるのでしょう。

それだけ、〝勝てる〟という思い込み（自信）が、成功には不可欠だということを理解しているとも言えます。

日本の年初めは初詣にはじまりますが、そこでおみくじを引いてその年の運勢を試す人も多いでしょう。

残念ながら、凶や大凶を引いた人もいるでしょう。「凶」の字を見て思わず、落胆してしまうでしょうが、通常のおみくじでは凶は大吉を引くより低い確率です。これは参拝者を正月早々からがっかりさせないための神社の心遣いですが、考え方を変えれば、確率の低い凶を引いた人こそ、本物の強運の持ち主かもしれません。

それに、凶を引きながら大成功を収められたら、神や天命に逆らうみたいで、嬉しさが増すと思いませんか。

おみくじで何を引いたかよりも、引いた人がどう解釈するかが問題で、朝のテレビ番組などでの〝今日の運勢〟チェックなどでも、悪くても良いように解釈することで、俄然自信に満ちた1日が送れることになります。

## 嫉妬心があなたの成長を止める

他人が成功したり、幸福になったりすると、嫉妬心を抱いてしまう。

祝福したい気持ちはあるのに、どうしても心がネガティブに反応してしまう……。こういう経験をしたことがある人は多いでしょう。

この**〝嫉妬〟こそ、凡人の成功を妨げる大きな要因の一つ**になっており、成幸者との明らかな違いになります。

彼らは周りの人に対して嫉妬することがなく、その人を目標にして頑張ろうと思ったりします。反対に自分が優位になれば、相手もさらに力をつけて欲しいとか、成功して欲しいと考えるのです。

それでは、嫉妬心が芽生えたとき、自分自身を成長させるためにはどうしたらよいのでしょうか？　その方法を三つご紹介します。

**①嫉妬した人に負けないような実力を身につける**
**②同じ分野でその人にかなわなければ、他の分野で自分を磨く**
**③その人は自分を奮起させてくれる応援者だと受け止めて感謝を深める**

人間は年を重ねると嫉妬深くなると言われます。

自らの衰えを少しずつ感じる中で、今までできていたことが急にできなくなると、難なくできてしまう人に対し、ちょっとした嫉妬感を覚えます。

これも一種の「老害」とも言えますが、最近では年に関係なく老害とも思える人を見かけます。若いのに何もせず、チャレンジしている人に対して嫉妬をするという言動を繰り返し、なんとも先が思いやられます。

この本の読者には、そのような方はいないと思いますが、ぜひともお気をつけください。

# 歳のせいにはしない即断即決術

人間歳を重ねると冒険ができなくなると言います。

「若い頃はよく朝まで飲んでいたよな」

「でも今そんなことをしたら体がもたないよ」

なんていう会話が新橋あたりの呑み屋街から聞こえてきそうです。

しかし、本当に朝まで飲む体力が無くなったわけではないと思います。それは、経験を積むにつれて、先が見えるようになり、「未来のリスクを回避する」＝「冒険できなくなる」ということではないでしょうか。

そのため、歳をとるにつれて無茶な行動がとれなくなり、耐性が低下してしまいます。

そうなると、〝初体験〟のものに対して怖さが強まってしまい、目の前にチャンスが転がり込んできても、それを掴むのに躊躇してしまうようになります。

こうなると、目先の小さな危険は回避できても、結局は事業が立ち行かなくなったり、人生に影響を与えるような失敗をしたりなどの可能性が高まります。

なんだか、年をとると夢がなくなるようですが、世の中には歳をとってから成功した成幸者、いわゆる大器晩成型の人もたくさんいます。

若い頃は、苦労の連続で失敗ばかり経験して、50歳を超えてからようやく大成功した大富豪もゴロゴロいるのです。

有名なところでは、マクドナルド創業者のレイ・クロック。彼は56歳からのフランチャイズ展開でハンバーガーチェーン店を一躍拡大させました。

また、ケンタッキーフライドチキン創業者のカーネル・サンダースは65歳から会社を興しました。

この二大ファストフード店の創業者でさえ、成功を掴めたのは50代、60代だったと思うと、いくつになっても諦めるわけにはいかないし、成功できない理由を歳のせいにはしたくないですね。

# 大富豪は聞き上手、褒め上手

成功している大富豪は話の聞き手役に回り、**自分が話す時間より、聞いている時間のほうが長い傾向がある**と、私はお会いした方々から感じています。

おそらく、自分が話すより聞いているほうが、メリットがあると考えているからでしょう。

時折、人の話をろくに聞かず、自分の自慢話に徹する人を見かけたりもしますが、当然本当の成幸者であったためしはありません。

また、成功している大富豪は、相手を気分よくさせる術を知っているのも特長としてあります。

しかし、大富豪でなくても、やたらと褒め上手な人はいます。

たとえば、経済的、社会的に自分より強い人に対して、おべっかを使ったり、ゴマをすったりする……そう、ちょうどあなたのような人、というのは冗談です。（失礼！）

こういう人は、ただ嫌われたくないという理由で、相手を持ち上げるために褒める傾向があります。

では、大富豪は何が違うのでしょうか？　それは、

「相手のことを考えて褒めている」

ということです。

わかりやすく言うと、**本人やその周りの人が気づいていない長所を褒める**ということです。

成功している人は、一般の人が見ているところ以外の部分を観察していて、良いと思ったところを見つけると、素直に褒めたり指摘したりします。

そうすることによって、言われた人は自分の良さに初めて気づき、自信を持てるようになるのです。これが本当の気遣いというものではないでしょうか。

あなたもそういう指摘ができるでしょうか？

COLUMN

# 暗殺されたアメリカ大統領、リンカーンとケネディの共通点

日本では、明治時代に松方正義氏によってあっさりと設立されてしまった中央銀行、つまり日銀ですが、アメリカでは歴代の大統領が国を守るために命をかけて、中央銀行と戦ってきた血なまぐさい歴史があるのはご存知でしょうか。

創成期にあたる18世紀頃のアメリカは、まさに政府と銀行の闘いの連続でした。

当時のアメリカはまだイギリスの植民地ではありましたが、独自の「植民地代用紙幣」というものが国中に流通していました。

それから徐々にアメリカ経済が発展し繁栄するようになると、イギリス側は支配を強化するように動きます。そこで行われたのが、植民地の代用紙幣の発行の禁止法の制定でした。

この禁止法は、イングランド銀行を支配するロスチャイルド一族の株主たちが直接イギリス国王に働きかけて、作らせたとも言われています。

支配者（イギリス）が植民地（アメリカ）から最も効率よく搾取する方法は、通貨発行権を独占し、利子をつけて紙幣を貸し出すことなので、この禁止法はまさに理想でした。

それに対して、やっと流通し始めた独自の通貨を禁止されることは、アメリカにとってこれ以上ない大きな痛手となったのは言うまでもありません。

そして、イギリスの中央銀行を支配する者たちが、アメリカにも中央銀行を設立してそれを所有しようと画策しましたが、アメリカ合衆国建国の父たちが激しい抵抗運動をはじめました。これがのちに言う「独立戦争」です。

そうなると、１７７５年から１７８３年まで続いたこの戦争の真相は、アメリカ国家の「独立」が目的ではなく、**アメリカ国家の通貨発行権をめぐる戦いだった、**ということになります。

そして激しい攻防の末に、植民地だったアメリカは念願叶って、イギリスからの独立を果たし、一国家として認められることになりました。

しかし、これを手放しに喜べなかった人たちもアメリカにいました。

なぜなら、国の独立を勝ち取ることには成功したものの、肝心の通貨発行権の戦いには負けてしまったからです。

そのため、初代ジョージ・ワシントン大統領は自国の危険性を承知の上で、中央銀行の設立を20年の期限つきで仕方なく認めました。そして、当時の財務大臣ハミルトンがアメリカ合衆国独立後、初の中央銀行（第1アメリカ合衆国銀行）を設立したのでした。

この設立の大部分は、イングランド銀行やロスチャイルド一族からの資金によって行われたと言われています。

独立戦争という試練を乗り越えて、ようやく掴み取ったはずの国家の独立でしたが、フタを開けてみれば、独立とは名ばかりで、国の財布の紐を他国の銀行家たちに握られた状態だったのです。

そこで、勇敢なるアメリカ創成期の大統領たちは一部の者たちが私物化する中央銀行の体制をよしとせず、真っ向から戦いを挑み続けました。

第7代のジャクソン大統領が中央銀行（第2アメリカ合衆国銀行）を潰すことに成功

したのち、第16代のエイブラハム・リンカーン大統領はグリーンパックという「政府紙幣」の発行まで行いましたが、惜しくもこの紙幣の発行はリンカーンの暗殺とともに消えてしまいました。

その後も、就任して間もない第20代のジェームズ・ガーフィールド大統領が、中央銀行でもあるFRBへの不快感を公に表明した2週間後に暗殺され、リンカーンに続いて在任中に暗殺された二人目の大統領となってしまいました。

現在の第44代バラク・オバマ大統領以前の43人の大統領のうち、在任中に暗殺されたのは四人。そのうち二人は、今挙げた二人。

三人目は19世紀最後かつ20世紀最初の大統領になった25代ウィリアム・マッキンリーです。

そして、最後に暗殺された大統領になっているのが第35代ジョン・F・ケネディです。

若く有能な大統領は、その手腕をもって1963年に通貨発行権を中央銀行であるFRBからついに政府の手に取り戻すことに成功しました。

しかし、そのわずか半年後。遊説先のテキサス州ダラスの街で、オープンカーでのパレード中に暗殺されてしまいました。

勇敢なるケネディを反面教師とした第36代リンドン・B・ジョンソン大統領は、ケネディの刷った政府紙幣を即座に回収するや即破棄して事を鎮め、自分の身の安全を守ることに徹しました。

記憶に新しいところで、第40代ロナルド・ウィルソン・レーガン大統領の暗殺未遂などがありますが、その事件の少し前に、レーガンが、アメリカ国民の所得税のすべてが中央銀行であるFRBへの利子の支払いに充てられていることを調査していたという事実があります。

このことと事件との関係性については、ただの偶然と片付けるべきでしょうか。

ケネディが銃弾に倒れた1963年のひと時以来、アメリカは中央銀行であるFRBから通貨発行権を取り戻すことができない状態が続いています。

そして、1913年にアメリカ政府からFRB（連邦準備制度理事会）に与えられた通貨発行の権利が100年後にあたる2012年末をもって期限切れになっているはずですが、その話題が取り上げられることは、まったくないようです。

それも、現在のオバマ大統領が、FRB関連について都合の悪い議題を掘り返すと、暗殺される危険性があると感じているからと考えるのは飛躍しすぎでしょうか。

ところが、2013年に入ると、オバマ大統領のある動きがニュースになりました。それは、政府借り入れの法定上限（債務上限）をめぐる議会との交渉を回避する手段として、1兆ドル（約100兆円）のプラチナ硬貨発行を検討しているとのことでした。債務上限を、政府との財政赤字削減の交渉材料に利用しようとする野党共和党の動きを封じる狙いがあるようですが、記念硬貨発行を想定した連邦法の規定では、プラチナ硬貨は政府の財務長官が表面デザインや額面を決定できるため、1兆ドル硬貨2枚を鋳造し、通貨発行権を持ったアメリカ中央銀行であるFRBに預け、2兆ドル分の歳出を決済することも考えられますが、この先どうなることやら、はたして……。

アメリカの通貨の動向には興味が尽きません。

# 第5章

Wisdom of money learned to millionaires

## 大富豪（成幸者）の1日

# 早起きは三文の得

昔から「早起きは三文の徳」と言われますが、実際お金持ちの人たちは早起きをする傾向があります。

それに対して、凡人は朝よりも夜のほうが儲け話、いわゆるおいしい話が転がっていると思いがちです。しかし、それはまったくの逆です。

もちろん夜型の生活をしている人でもお金持ちになる人はいますが、早起きの習慣を身につけている朝型人間のほうが、はるかに成功する確率が高いのです。

その原因の一つになるのが、朝日です。

朝日を浴びると身体に活力がみなぎり、何事においても意欲的なモチベーションでいられる他、時間の効率化やセルフコントロールの向上にもつながる効果があります。

成功体験のあるお金持ちは、**毎朝決まった時間に起きて朝日を浴びる**ことが人間にとって良い効果をもたらすとよく知っているので、早起きをして太陽を味方につけているのです。

早起きの得はまだあります。

人間の体内時計は、最近の研究で1日が24時間10分に設定されていることがわかっています。

そのため、普通に生活していると生活リズムが徐々に後ろへズレて起床時間が遅くなり、夜型になり生活が乱れてしまいます。

このリズムの乱れを自身で矯正するように、毎朝早起きの習慣を守れば、夜型生活へズレないで済みます。

これは、単に規則正しい生活を自主的に保っているだけのように見えますが、一番の目的は朝日を浴びることにあるのです。なぜなら、**朝日は体内時計をリセットさせる効果がある**からです。

太陽の光は睡眠を促すメラトニンを抑制する働きを持っており、特に朝日はその効果が強いとされています。たまに早起きをしたとき、やたらと清々しく感じるのはこのためです。

他にも、セロトニンを分泌させる働きもあります。

セロトニンは喜びや快楽などのドーパミンや恐怖心や不安などのノルアドレナリンなどの精神物質をコントロールする働きがあるので、朝日を浴びることがストレス解消にもなるのです。

セロトニンが不足すると、うつ状態になったり暴力的になったりなど、精神的な支障をきたしマイナス思考に陥ってしまいます。

その予防としても、朝日を浴びてセロトニンを分泌させることは大切なのです。

また早起きは健全な精神を作ることにも効果的なので、ストレス耐性も高めます。よって、マイナス思考をプラス思考へと転換させることもできるのです。

早起きがもたらす利益は、三文どころではないとおわかりいただけたでしょう。

蛇足ですが、毎日早起きしたとしても、朝日を浴びて体内時計を調整しておくと睡眠の質そのものが向上するので、昼間に余計な睡魔に襲われたりしません。それどころか良い睡眠は学習効果のアップさえもたらします。

理由は、人間は深い眠り（ノンレム睡眠）についているときに、覚えたり学んだりしたことを脳に定着させるからです。

そのため、質の良い睡眠をとってノンレム睡眠を充実させれば、記憶力を飛躍的に増大させることもできるのです。

受験勉強の際、睡魔に耐えながら深夜に勉強するよりも、思い切って寝て早朝に取り掛かったほうが、効率が良かった覚えはないですか。まさに、これがその理由なのですね。

## 現金を持ち歩かない理由

日本のお金持ちは現金を持ち歩き、カード払いではなく現金払いをするイメージがあります。

商売で大儲けしている社長などは、現金の魅力を知っているため、カバンから大金を取り出して支払う姿をテレビなどで目にします。

これはお金を見せつけたいがための行動ではなく、その店にとって現金払いがどれだけ助かるか商売上わかっているからであって、取引を有利に進める作戦でもあるのです。

とくに日本の場合は、他国と比べて治安が良いので、安心して現金を持ち歩けるというお国柄も表れていると思います。

また、中国の大富豪も現金を手元に置くケースが多いと言われますが、これは、現金しか信用できないという国民性によるものだと考えられます。

このように、現金を持つか持たないかの理由はそれぞれありますが、**本当のお金持ちというのは、ほとんど現金を持ち歩きません。**

買い物はカードで決済し、秘書やお付きの人がいる場合は支払いをすべて任せて、当の本人は財布すら持たない場合もあります。

行動が変則的になる滞在先でも、衝動買いをすることもないし、会食をするにしても宿泊しているホテルへ相手を招いて行う場合がほとんどなので、現金を使う必要がなく、持ち歩く必要もないのです。

第一、財布をのぞいてお札を数えながら取り出したりする姿自体、少々スマートではないとは思いませんか。

# 価値あるものだけにお金を払う

お金持ちというと、欲しい物は何でも片っ端から買うイメージがあったりしませんか？

しかし、本当の大富豪はそのようなお金の使い方はせず、自分へのご褒美として何かを買うこともありません。

彼らが買い物をするときに考えることは二つ。

一つは、**本当にその金額を払う価値があるのか**ということ。

ここで言う価値とは、品物そのものの価値にとどまらず、その品物を得ることによって生まれる二次的な価値も含まれます。

たとえば、3000万円の自動車を購入する場合、同額の車であってもベンツとフェラーリでは周りの受け取り方が違います。

私はフェラーリを所有していますが、初対面の自己紹介で話の流れの中、フェラーリオーナーであることをさりげなく伝えただけで、一度しか会っていない人にでも覚えていただけたりします。

これが、ベンツだったらどうでしょうか？　おそらく、〝ベンツオーナー〟というだけではなかなか覚えてもらえないでしょう。

経験のある方ならわかっていただけると思いますが、首都高速道路をフェラーリで走ると合流ポイントですんなりと道を譲ってくれたり、やむなく強引な車線変更をした場合でもすぐにスペースを空けてくれたりするのです。

そこにある理由としては、高い車にぶつけたら大変だとか、車好きの人であれば浮世離れしたスーパーカーを後ろからゆっくり眺めたいからということで、道を譲ってくれるということも考えられます。

一方、これと同額のベンツで首都高を走っても、同じ効果はないでしょう。

車の種類一つにしても、これだけ周りの反応が違うのです。

そして、もう一つは、**その支払いがまったく新しい価値を生み出すかどうか**ということ。

その買い物によって、自分自身が自信を持てるようになるとか、さらにお金を増やすためのツールになるとか、他人が喜んでくれるかどうかといった、新しい価値を創出することができるかということを意識します。

ちなみに、お金持ちは、〝買い置き〟といった感覚がありません。

普通の人は、安売りしているからとか、買いに来るのが面倒だからといった理由でまとめ買いをよくしますが、お金持ちは今必要な分しか買おうとしません。それを効率が良いとしているからです。

確かに、まとめ買いをしても、結局使わずに余らせて捨ててしまったなどの経験はないでしょうか。

私は初めてＦＡＸ機を購入したとき、この先必要になると思い、機種専用のロール感光紙をまとめて大量に買ったのですが、時代が進み、メールでのやりとりが中心になるにつれてＦＡＸを使う機会がめっきり減り、ストックしていたロール紙を使い切る前に、新しいＦＡＸ機に買い換えることになり、すべて無駄にしてしまった経験があります。

たとえ安価なものでも、絶対に不合理な使い方をしない大富豪のスマートな買い物法は見習うべきだとしみじみと思います。

## 些細な募金が大きな富を引き寄せる

欧米人に比べて、日本人は寄付や募金という行為に慣れておらず、どうしても抵抗を感じる方が多いようです。

「お金持ちになったらしますよ」と言う人は大勢いますが、総じてそういう人はある程度のお金持ちになったとしても寄付などしません。

まだまだお金持ちじゃないなどと言っては、1円たりとも寄付することなく、さらに貯めこもうとします。

しかし、実はこの寄付という行為がお金持ちになる秘訣でもあるのです。

言い換えれば、寄付や募金をしない人はお金持ちにはなれないといっても過言ではありません。

大富豪は、ノブレス・オブリージュといって、社会的地位の高い者はそれにふさわしい義務を負ってしかるべきという考えのもと、積極的に社会貢献活動を行っています。

図書館を建てて寄贈したり、社会貢献団体に資金を提供したりと、大口の寄付も惜しみなくします。

それを知った凡人の中には、

「自分だってお金持ちだったらしますよ」

などと言う人がいるでしょうが、一代で地位を築き上げた大富豪は、富を得る前から寄付や募金を続けていたという話を聞きます。

つまり、この**寄付という行為が人生を好転させて富を引き寄せているのです。**

感覚的に彼らはそのことに気づくので、さらなる成功を目指すためにも、進んで寄付を行います。

このような話を聞くと、途端に寄付をしたくなる人も出てくるのではないでしょうか。だからといって、「我ながら調子がいいな……」と自身を嘆く必要はありません。寄付したい気持ちがあれば良いのです。

一番身近にあっておすすめの寄付は、**コンビニのレジカウンターに置いてある募金箱にお釣りの小銭を入れる**ことです。100円玉や10円玉、端数の5円玉や1円玉でも、金額は関係なく寄付する行為が重要なのです。

これを毎回続けていると、あるときから富を引き寄せるようになります。私の経験では、くじ運が上がったり、思わぬ副収入が入ったりしました。これらをコンビニ募金のおかげだと立証する方法はありませんが、この世で起きることのすべては見えない世界でつながっていると考えると、決して否定できないと思います。騙されたと思ってまず3ヵ月続けてみてください。必ず驚くことが起こりますよ！

## 相手にお金を払わせない気配りとは？

ビジネスで成功しているお金持ちと会食すると、決まってご馳走してくれます。庶民感覚だと、次回の会食のときには、今度はご馳走して欲しいなどと、どこかで見返りを期待しますが、彼らはそのような感覚は一切持ちません。

貴重な時間を共有できたことに感謝の念を持ち、快くスマートに支払いを済ませます。店員が支払伝票を持ってきたときも、決して相手に金額を知られることなく、会話で注意を反らしながら、さりげなくクレジットカードを店員に渡します。

時には、相手が化粧室へ席を外した合間などに支払いを済ませて、相手に気遣いをさせないような配慮もします。

そうやって相手のことを気遣いつつスマートに支払いをしたとしても、彼らはそれにこだわることもありません。

どちらがお金を出したかなど大した問題じゃないと考えているのです。

なぜなら、ここで払ったとしても、〝生き金〟を使っている以上いずれ回りまわってそのお金は返ってくると考えているからです。

お金持ちにすれば、会食の費用などはどうでもよくて、そこで共有した時間や会話の内容に重点を置いて意識を集中させています。

そのため、後々お会いしたときでも、以前の会話の内容を鮮明に覚えていたりします。

お酒を飲みすぎるなどして、せっかくの共有の時間を無駄にすることは決してないのです。

# 大富豪は例外なく直感を信じて行動

一代で莫大な富を得た大富豪は、例外なく直感を信じて行動することで理想的な富を得ています。

直感で行動して成功したと聞くと、〝運がいい人〟と思うのも当然で、だから「大富豪＝運がいい人」というイメージがあるのかもしれません。

本屋で所狭しと並んだ成功本の中には、「成功するために直感を信じて行動する！」などとすすめているモノもあります。

しかし、**直感を全面的に頼っていいのは、既に成功している人（大富豪）だけ**だと知っておいてください。

まだ成幸者になっていないのに、直感に頼ってしまうことは逆に危険を伴う恐れがあります。

もし、それでも直感に頼るのであれば、もはやその行為はギャンブルと変わりないと肝に銘じて行動してください（もちろん、保証は一切いたしません）。

では、なぜ大富豪は直感で行動してもよいのでしょうか。

それは、成功への道程で数え切れないほどの経験と失敗をしているからです。

潜在意識からの直接的なアウトプットになる直感は、過去の経験や、成功と失敗の情報量が溜まってこそ、成功精度の高いフィードバックが得られるようになるので、経験値の低い凡人が直感に頼っても良い方向に転がる可能性は低く、ギャンブルと似たりよったりになるのです。

そして、大富豪は経験以外に直感力を高めるため、意識的に実践していることがあります。それは次のようなことです。

- **静かな場所を探す**
- **頭をからっぽにする**
- **瞑想する**
- **後であらためて考える**

騒がしい都会に住んでいると少々実行しづらいこともありますが、おおよそ誰にでもできる簡単なことです。それでいて、効果は絶大です。

経験を積み、さらにこれを習慣にしていると、必ず変わっていく自分を感じられるようになるでしょう。

## テレビを見て喜んでいるようじゃダメだね

「テレビを見て喜んでいるようじゃダメだね」

お会いした大富豪から何度か言われた言葉です。

一般的に、**お金持ちになればなるほど、人はテレビなどの公共の情報を見なくなる傾向があります。**

それには二つの理由があります。

一つは、**真実を伝えていない情報があまりにも多い**からです。

テレビ番組にはタブー（触れてはいけない）の話題が存在します。

番組のスポンサー企業の悪口は言うまでもありませんが、その他にも、〇協とか〇〇組合についても、テレビで批判しては絶対にいけないなど暗黙の了解があります。

もう一つの理由が、**ネガティブなニュースや情報で溢れている**からです。

人間はどうしても、ネガティブな情報に反応します。それは、脳の最大の使命が「生命維持」にあり、危険なものや身に降りかかる可能性がある危険情報は、常にキャッチするように備えているためです。

ところが、**ネガティブ情報は成功の妨げにしかならない**ので、ニュース番組で殺人事件や倒産による会社社長の首吊り自殺などの暗いニュースが流れた場合は、すぐにチャンネルを変えたほうがいいでしょう。

もし、他人の家や公共の場でチャンネルを変えられないときであれば、情報を取り込まないように意識的にシャットアウトするようにします。

頭を切り替えて、今日の自分は幸せだと感じるだけでもいいでしょう。幸せな状態じゃないからそれは無理だ、と言う人でもそんなことはない筈です。

もし、今日食べる物があって、着る服もあって、雨をしのげる寝場所があるのなら、あなたはすでに世界の75%の人よりも裕福で恵まれた環境にいると知ってください。

もし、あなたが日本に住み健康な体だとしたら、それだけで紛争状態の国に住む人々よりも圧倒的に死の危険の少ない毎日を送れていると自覚してください。

それらを思うと、自分は恵まれていると心から感じられるはずです。

そしてその先に「感謝」という気持ちが内に湧いてきたら、その気持ちが心をプラスのエネルギーで満たしポジティブ思考をもたらしてくれます。そうすると、幸せな成功者になる確率がアップするに違いありません。

インターネットが急激に進化した現在、有り余るほどの情報を無料で手に入れたり、使用したりすることができます。

新聞を買わなくてもネットでニュースを知ることができ、辞書を買わなくてもネット検索で調べることができます。

この状況に、便利な世の中になったと思うこともできますが、勘違いしてはいけないのは、**「本当に価値のある情報は決して公の場に流れない」**ということです。

誰もが目にできる無料の情報は所詮それなりの情報でしかありません。

本当に価値のある情報は、セレブリティな人たちやその業界を牛耳っている一部の特別な人たちだけで共有されているのです。

実際私も欧州危機のときに、特別な裏情報をある権力者からいただいて随分と助かったことがあります。もちろん世に出回っている情報しか知らない人には知り得ない情報でした。

あなたが有益な情報を得たいのであれば、成幸者の知人を持ち、セレブリティの仲間に入るか、高額な費用を払ってでも専門的なセミナーや講演会に参加するしか方法はないでしょう。

## 読書を大切にする理由

大富豪そして成幸者になるためには、お金や時間のさまざまな自己投資が必要になります。

そのうち最も身近な自己投資が読書です。

だからといって、立ち読みは自己投資にはなりません。前述のとおり、立ち読みでは知識が身につくことはなく、単に知っている情報が増える程度で、それを人生に活かすことなどはできないので、本は自分のために買って読むことをおすすめします。

成幸者は移動のときや早朝、そして寝る前などの時間を大切にして読書に費やしたりします。

その目的は自分の器を大きくするためであって、自分が手がけているビジネス以外の業界本や小説を読むことで、より見識を広め、さまざまな物の捉え方ができるように努めているのです。

若い頃の読書は「質」より「量」にこだわるべきだと言われたりします。

「インプットだけではなくアウトプットせよ！」という教えは、ノウハウ本・ハウツー本系のビジネス書ではよく見かけます。

「読むだけでは意味がない！」

「読書が目的化してはいけない！」

確かにまったく正しい主張ではありますが、10年間毎年200冊以上の読書を続けてきた私が思うのは、「アウトプットするのは、インプットの量が十分に溜まってからでも遅くはない」ということです。

要は、「アウトプットしなければ！」と焦って読書をする必要はないということです。インプットの量が溜まれば、自然とこぼれるようにアウトプットされるだろうと、それくらいの感覚で読書に興じればいいのです。

是非、多くの本を読み、自分の器を大きくすることから始めてみましょう。

## 高価なものを買って長く愛用する

あなたは買い物をするとき、どのようなことを考慮しますか。基本的にモノを買うときには2通りの考え方があると思います。

・安いモノを買い、悪くなれば頻繁に買い替える
・高いモノを買い、大切にメンテナンスして長く使う

日常品など、消耗品と呼べるものはあまり気にしないかもしれませんが、100円ショップや百貨店、ブランドショップなど、いたるところで取り扱っているような品物、財布やカバン、傘などに関しては人によって考え方が異なります。

**成功した大富豪は高価なモノを買い、長く愛用する傾向があります。**

モノを長く使うとお金を無駄にしないだけでなく、モノに対する愛着心が湧き、心豊かに生活できるようにもなります。心が豊かになれば、潜在意識がプラスのエネルギーで満たされ、思い描いた夢が叶っていきます。

つまり、**上質で高価なモノを買うことは、良いことばかりを生む**のです。

私も昔、ビジネスカバンは普通のサラリーマンが持つような1～2万円程度のモノを愛用していましたが、その手のカバンはたいてい1年で持ち手の部分が切れたりして毎年買い換えを余儀なくされました。

しかし、10万円近くするような比較的高価な革カバンを購入するようになってからは、それまでにはなかったカバンに対する愛着心も湧いたこともあり、それまで以上に大切に扱うようにしたおかげで既に5年以上使っています。

良い革のカバンは、使い込むごとに革の風合いに深みが増し、見栄えも良くなり、毎年安価なカバンを買い替えるよりも、結果的に経済的な買い物になるのです。

傘でも、１本４、５万円する高級傘がありますが、やはりまったく使い心地が違います。このぐらい高い傘ですと、電車の中で置き忘れなんていうこともなくなるはずです。

どこでも物を置いてきてしまい、忘れ物で困っている方はぜひ買ってみてください。

心が豊かになるだけでなく、忘れ癖が治るかもしれませんよ。

# 家中の電気のスイッチを消して回ろう

「お金持ちに見られたい」「尊敬されたい」「凄い！　と思われたい」「モテたい」などと、とにかく他人の目を気にしたり、注意を引こうとしたりする、そんな人、周りにいませんか。

身勝手な自分の欲を満たすためにお金を使うような人は、たとえ庶民よりも多くお金を持っていたとしても、それは金持ちではなく、ただの浪費家にすぎません。

人間はお金と欲望に弱い生き物なので、目先の欲求に目がくらみ、将来に起こるであろう問題や悩みには目を向けず、まっしぐらに欲しいモノを手に入れる人が大勢います。欲に任せてお金を使っているようでは、入ってくるお金と出て行くお金が同じになってしまい、結果「お金が貯まらない……」と嘆くことになり、自分の将来や老後に不安を抱える始末で、まったくもって救いようがありません。

本書の読者にはいないと思いますが、あなたの周りにこのような人間がいないか、注意してください。

大富豪というと、一生使っても使い切れない富を持っているので、お金の使い方も豪快で倹約や節約など一切しないと思われがちですが、自分一代で富を築いた大富豪などは、決まって皆が質素な生活をしています。

あのビル・ゲイツ氏やウォーレン・バフェット氏のような超大富豪でさえも相当な倹約家として有名で、バフェット氏にいたっては自家用車のナンバーが『Ｔｈｒｉｆｔ（倹約）』といいますから、その徹底ぶりがうかがえます。

バフェット氏の資産は、日本円で６兆円とも８兆円とも言われ、世界の長者番付第２位に長く君臨する正真正銘の大富豪ですが、意外にも彼は約50年前に３万１５００ドル

（日本円で約300万円）で購入した家に住み続けており、これまでの最高の投資がこの自宅と妻へ贈った指輪だというから驚きです。

そして、一代の大富豪の特徴として見られるのは、自宅で使っていない部屋や廊下の電気をこまめに消すこと、そう節電です。

これは、貧乏だった頃の習慣が身についているためと思われますが、大富豪になってもこういう初心を忘れないのですから、多少裕福になったからと節電やエコの意識を忘れてしまうのは、あぐらをかきすぎだと言えるでしょう。

COLUMN

## 米国政府はアメリカ中央銀行（ＦＲＢ）の株を1株も保有していない不思議

前述のとおり、アメリカドルを発行しているのは、アメリカの中央銀行である米国連邦準備制度理事会（ＦＲＢ）で、理事会の実際の業務管理を行っているのは、（理事と協議しつつのカタチで）連邦諮問評議会となっています。

連邦諮問評議会の委員は、12の特権的都市の〝金融地区〟連邦準備銀行の役員によって選出されていますが、その中で最も権力を握っているのがニューヨーク連邦準備銀行であるため、アメリカの金融政策である金利や通貨の数量と価値、および債権の販売は、実質的にはニューヨーク連邦準備銀行が決定しているといってもいいでしょう。

それでは、ニューヨーク連邦準備銀行の所有者はいったい誰でしょうか?

ニューヨーク連邦準備銀行は、欧米の銀行が株の１００％を保有しており、不思議なことに米国政府は1株も保有していません。

**アメリカ経済の安定のためと称して設立されたアメリカの中央銀行は、政府**

**とは関係なく、その支配権も利益も民間の銀行家の手に委ねられた、完全な私有企業というわけです。**

株はナショナル・シティ・バンク、ファースト・ナショナル・バンク、バンク・オブ・コマース、チェース・ナショナル・バンクなど民間銀行が持っています。

その民間銀行の株主をさらにたどっていくと、ロスチャイルド銀行（ロンドン）、ロスチャイルド銀行（ベルリン）、ラザール・フレール（フランスにあるロスチャイルド財閥の銀行）などヨーロッパにある11行のロスチャイルド傘下の銀行の他、唯一米国のロックフェラー系のチェース・マンハッタン銀行があります。

つまり、**実質的にロスチャイルドが米国の中央銀行を支配している**ということになります。

それは欧州にしても同じで、１９９８年に設立された欧州中央銀行（ＥＣＢ）では、初代総裁にはオランダ出身のウィム・ドイセンベルグ氏、２代目はジャン＝クロード・トリシェ氏（前フランス中央銀行総裁）が就任しましたが、二人はいずれもＢＩＳ（国際決済銀行）出身のロスチャイルドの〝二百家族〟（ロスチャイルド一族の中で、金融を独占支配する、影響力のあるメンバー）になります。

欧州中央銀行の本店はフランクフルトにありますが、そのビルもロスチャイルドの敷地内に立っていることを考えれば、まったくの無関係とはとても言えないですね。


では、これだけ世界の通貨発行権を掌握しているFRBには、どのようなメリットがあるのでしょうか？

素人の推測からすると、「好きなだけお金を刷って、好きなものが何でも買えるからメリットだらけでしょ」などと考えてしまいますが、いくら通貨発行権があるとはいえ、さすがにデタラメに紙幣を発行したり、無尽蔵に紙幣を流通させたりなど、できるわけではありません。

通貨の仕組みを要約すると、まずFRBは無から通貨を創造し、政府財務省から政府債権（つまり国債）を購入する、という流れになります。

利子の付いた流通資金を財務省に貸し出し、それに対しアメリカ国民は利息を払う義務が生じるというわけです。とどのつまり、**ドルというお金を突き詰めると、米国債を担保にニューヨーク連邦準備銀行が政府に貸し付けた債権**ということです。

COLUMN

## 米国政府はアメリカ中央銀行（ＦＲＢ）の株を１株も保有していない不思議

現在では、平均労働収入の約35％が連邦所得税として徴収されており、連邦の個人所得の税収の全額がＦＲＢへの利子の支払いに充てられているとのことです。

その一方で、米国には連邦所得税を納付しなければいけないという法律が存在していないというから驚きです。

法的に根拠もない所得税を取られ、それが各州の連邦準備銀行に流れるという、搾取と思われても仕方がない集金システムがまかり通り、当たり前のように存在している。

まさに奇妙の一言です。

# 第6章

Wisdom of money learned to millionaires

# お金持ちと友達になる方法

## 夢を実現するためには、必ず他人の助けが必要

人は「特質」（得意なこと、または不得意なこと）を必ず持っています。まったくの無能で誇れることが何もない人は存在せず、誰でも人より秀でたものが必ずあります。

そして、**自身の特質を知ることが大富豪そして成幸者への第一歩**になるのです。毎日上司に怒られてばかりで自信なさげに生きている人など、特質を把握していない典型でしょう。

自分が得意なこと、不得意なことが明確になっていれば、自分の得意なことは率先して行い、不得意なことは人にお願いすればいいのです。そうすれば、リスクや失敗が減り、成功の確率は急上昇します。

不得意なことも全部自分でやろうとするからいけないのです。不得意なことに手を出して、案の定失敗して、自分は何もできないと思い込んでしまい、自信を失くすのです。

何でもこなせる完璧な人などいないとも知らずに。

自分で何もせず他人任せにして頼ることを「他力本願」と言いますが、本来の意味は違います。

元々は仏教用語で、「衆生（生けるもの）を救おうとする阿弥陀仏にすがって極楽往生する」ということで、〝仏に助けを求める〟ことが他力本願の本来の意味だそうです。

「他力」の反対語にある「自力」。

これは、自分の修行によって悟りを開こうとすることで、「他力」と同様に深い意味があったりします。

では、大金持ちになる大富豪に多いのはどちらのタイプだと思いますか。

自分でポジティブに何でもチャレンジするから「自力」？

多くの人に応援されて夢を叶えていくから「他力」？

答えは、どちらでもありません。強いて言うなら、**両方のバランスを重視**しています。

自分の得意な能力を発揮しつつ、他人の力も借りて、効率よく成功していくには、どちらが多くても少なくてもいけないのです。

さあ他人の力を利用する気になりましたか？

# 周りのツイている人を探す

一代で財をなした人は、「自分は運が良かった」と口にします。

成功できない人は、「自分は運が悪かった」と口にします。

はたして、運というのはある人の所へ集中的に流れたり、または避けたりするのでしょうか？

私は、運は平等に来るものだと思っています。

ただ、それを掴むかどうかがその人次第であって、普段どのように物事を捉えて、そして感じている（解釈している）かがポイントだと思います。

自らを「運が良い」と言える人は、物事の解釈がとにかく前向きです。誰から見ても最悪な事態であっても良い側面だけを見て、前向きな解釈をします。

「交通事故を起こしたが、怪我もなく車も軽い損傷でよかった。これからは、安全運転に気をつけよう」とか、「営業の売り込みでライバル会社に負けて失注した。おかげで自社の商品の劣るところがわかったので、改良してさらに大きな受注につなげよう」といった具合です。

このような思考の習慣を持つことで、自然と幸運を引き寄せ、ツイている人と言われるようになるのです。

周りを見渡してください。友達、会社の上司や同僚などにいませんか。何をやっても幸運に恵まれ、失敗したと思っても結果オーライで、はたから見ていて「何か持っている」と思わせる人が。

もし、こういう人がいれば大切にしてください。

幸運な人とお付き合いしていれば、その人の口癖とか習慣が伝染して、必ずあなたにも運が巡ってくるようになるはずです。

幸せな成功者になりたいのであれば、まずはこういう**〝仲間〟を持つことが必須条件**です。

光のない部屋では、「一粒のダイヤモンド」と「一粒の小石」の区別はつきませんが、光があれば、その違いは一目瞭然となります。

ダイヤモンドも光という〝仲間〟がいてこそ輝きを放ちます。

それは人間も同じで、早く成功するためには、あなたを輝かせてくれる仲間の存在が必要不可欠なのです。

## 見た目は大事

人間は、初めて会った人を、その第一印象で決めてしまいます。

〝見た目9割〟などと言いますが、本当にその通りで、人は見た目の情報で55％、声の情報で38％、言葉（しゃべる内容）で7％という割合でその人を判断しているとされます（メラビアンの法則）。

その法則どおり、私もよく見た目で判断されて、困ったこともありました。それというのも、私はハーフ、または外国人に間違われることが度々あるのです。そのため、学生の頃から外国人旅行者に道をよく尋ねられましたが、うまく説明できず悔しい気持ちにもなりました。

それが、英会話を勉強しなければ！　というモチベーションにもつながったので結果的には感謝もしています。

今でも終電間際の電車に乗った際、泥酔してフラフラしている中年サラリーマンに「どうぞ」と席を譲ると、「Thank you very much sir」などと丁寧に英語でお礼を返されることがあります。

おそらく少し強面のイタリア人マフィアぐらいに見えたのでしょう。

私の著者名が、〝トニー〟ということからも、本当にハーフであると思っている方もいらっしゃるかもしれませんが、私の父母、そして祖父母も純粋な日本人ですので誤解のないよう付け加えさせていただきます（なぜ、〝トニー〟と名乗っているかの説明は、別の機会に譲ります）。

さて、話を戻します。

メラビアンの法則にもあるように、**人は会ったその瞬間の印象でほとんど相手を判断し、そのあとに話す内容はあまり関係ない**ということです。そうなると、選挙演説など意味がないとも思ってしまいますね。

もし、あなたが就職の面接で企業を訪れることになったとき、シャツをダラーっとズボンの外に出して行きますか？　そうしないのはなぜでしょう？

それは、初対面での第一印象が大切だからに他なりません。

私は交流会や懇親会で、「大富豪と知り合いになる方法を教えてください」とよく質問されるのですが、やはり大富豪もこの法則に当てはまるのです。

身なりが良くない格好をしていては、大富豪は寄ってきません。身なりはあなたの自己イメージの表れであることを認識して、他人がそれを元にあなたを判断することを一時も忘れてはいけません。

そんな中、大富豪のみならず成功する人が常に気にしているモノがあります。それは何でしょうか？

実は、**「靴」**なのです。

成幸者は名刺交換などで頭を下げるとき、必ず相手の靴を見ています。一流ホテルのボーイやコンシェルジュも、相手の客がどのランクの人間なのか、履いている靴で判断するそうです。

ではなぜ靴なのか？

その意味がわかる唯一の方法は、**自分で一流の靴を履いてみる**ことです。

高価な靴を履くと、いろいろな発見があります。

もし、あなたが大富豪や成幸者になることを夢見ているのであるのなら、是非試してみてください。その先行投資に後悔することはありませんし、その理由が必ずわかるようになるでしょう。

## 記憶に残るファーストコンタクト

初めての人と会うときは緊張しますが、その第一印象をもとにどんな人か人物像を勝手に頭で描きます。そして、実際に会話を進めながら、脳は最初に持ったイメージの修正作業を徐々に行っていきます。

このように印象は修正されますが、第一印象の影響が大きいことは言うまでもありません。

それでは、メンターと慕いたくなる成幸者や大富豪に初めてお会いしたとき、気をつけなければならないことは何でしょうか？

前述のとおり、服装などの身なりに注意することは言うまでもありませんが、**相手に自分のことを強く印象づけるための工夫も重要です。**

たとえば、名刺を工夫をすることも効果的です。変わった形の名刺や奇抜なデザイン、そして目を引くような肩書きなども有効でしょう。名刺一つでもインパクトがあれば、そこから話題が生まれて、早く距離を近づけることができます。

そうして、ファーストコンタクトがうまくいけば、次は相手に好感を持ってもらい、記憶に残るようにしなければなりません。

好感を持ってもらうには「信用される」ことが一番です。そのためには約束を守ることが第一条件になります。

とくに初めての待ち合わせは肝心で、時間に遅れるなどもってのの外です。なぜならば、成幸者にとって時間は最も貴重であり尊いものだからです。

そして、「言行一致」という言葉のように、話していることと実際に行っていることが一致していることも大事です。会った初日から信用を得ることは難しいですが、この習慣をコツコツと積み上げることで、やがて信用されるようになります。

そして、この習慣を身につけて行動していれば、幸運を持ったいろいろな人たちがあなたの所に集まるようになります。

つまり、「信用」と「幸運」は表裏一体ということです。

## お金持ちはあなたの信用力を見ている

大富豪と呼ばれるお金持ちが、初対面で会ったときやビジネスの話が進んだときなどに注意して見ているポイントは、相手の信用力です。

お金持ちになり成功した人は、例外なく過去に騙されたり裏切られたりして、大きな財産を失った経験があるので、お金の絡むことには必要以上に神経質になっているのです。

また、信用を確かめているというのは、単に信じられるか否かの視点だけではなく、あなたの器の大きさも探っています。

器は過去の武勇伝とか、スケールの大きい話という口先だけのことではありません。

その人のこれから未来の可能性についても見ています。

なぜなら、成幸者となったお金持ちは、**神様はその人の器に見合ったものしか与えない**ことを知っているからです。

ということは、もしあなたが大富豪や成幸者になりたいと思うのであれば、夢や願望を設定する前にできるだけ器の大きな人間になる必要があるでしょう。

では、どうしたら器を大きくできるのでしょうか？

それは、**「発想に制限を持たないこと」**です。

今の自分に照らし合わせてはいけません。未来にどんな人間になるのがふさわしいのか、自分なりに想像して、少しずつでも発想の幅を広げて、大きなことを考えられるようになると自然と器は大きくなるものです。

日頃のモノの考え方、人との接し方、また成功を引き寄せる高い心のエネルギーを持つことが最優先なのです。

# 誰に紹介されたかが大切

まだ成功していない人が大富豪や成幸者との出会いを求めて、高級なセレブパーティーや上質な経営者交流会に参加する姿を見かけます。

そして、運よく成幸者と名刺交換をすると、後日友人などに自慢したりするようです。

このような、上質な人が集まる場所に参加することは決して悪いことではありません。

自分を高めるためにも、エネルギーの優れた人の集まりに参加することはそれなりの意味があります。

そうはいっても、名刺交換した大富豪や成幸者とすぐに連絡を取り合えるような関係になれるかというとそれは別問題です。

私は、ロスチャイルドをはじめ、数々の大富豪と運よくお会いして、ゴルフやカラオケなどをご一緒できるようになりましたが、それは私が複数の会社を経営していることや、フェラーリを所有していることから、そのようなご縁をいただいたわけではありません。

どの大富豪との出会いも、直接的または間接的な人物のご紹介があって実現しているのです。

会社勤めの人であれば、企業ブランドによる力や、肩書きによって出会いが実現することもあるでしょう。

つまり、自分がまだ成幸者でない以上、ほとんどの場合は紹介者またはブランドの信用によって、成功者から信用してもらうことになるのです。


私とロスチャイルドとの出会いは、「株式会社いせや」（お墓・霊園業界の常識を常に覆し先端を走り続ける超優良会社）の社長、中本隆久氏からのご紹介で、ロスチャイルドとのゴルフにご一緒したのがきっかけでした。

また、ゴルフクラブメーカーに勤務していた頃、ジョン・デーリーやタイガー・ウッズのクラブ開発で、試作品ドライバーの試打などでプロのトーナメント会場を訪れたときに、取り巻きだった大富豪と仲良くなったりしたこともありました。

このように、結局はいつも誰か人を介しての出会いであったことを考えると、あなたのことをティーアップしてくれる紹介者がいるかどうかが鍵になると、おわかりいただけるでしょう。

## 付き合う上でやってはいけないこと

もし、あなたが幸運にも大富豪や成幸者と友人になれたとしましょう。

その場合は、あなた自身またはあなたを紹介した人が信用されたことになります。

ここで気をつけたいのは、**決して背伸びしない**ことです。

成幸者の信用をさらに得ようとして、一見良さそうでも、素性が確認できないビジネスや投資話を紹介するなどは絶対にしてはいけません。

その投資話が本当にうまくいくことを自分で確認したのであればＯＫですが、そうでなければ絶対に避けるべきです。

たとえ、その投資話を持ってきてくれたのが信用できる友人であったとしても同様です。

特に政治家絡みは注意が必要で、信用できる有名政治家秘書からのおいしい話だからと鵜呑みにすることは危険極まりないでしょう。

とはいえ、政治家が絡む案件のすべてが駄目だと言っているわけではありませんが、これは世界共通とも言える厄介なリスクであると捉えておいたほうが無難でしょう。

そして、大富豪とお付き合いをすると、有形無形を問わず、大きな恩恵を受けることになりますが、**決してご恩を忘れない**ということも大切です。

出会いに感謝する。

この基本的な感謝の気持ちを忘れないでいられるかどうかが、成幸者と凡人のわかれ道でもあるので、深く胸に刻んでおくことをおすすめします。

# 上質な情報を得る秘訣

昔は経営資源と言えば、「人」、「もの」、「お金」と言われていました。

それが、ＩＴが発達した15年ほど前から「情報」というものが経営資源に加えられました。それぐらい情報が欠かせない時代になっています。

経済産業省によれば、人が1日あたりに接触する情報量はここ10年で約1500倍になったとされています。

ミクシィやフェイスブック、ツイッターなどSNSがいくつも立ち上がり、情報ソースが急激に増えているのですから、その数字もうなずけます。

こうなると、これらの膨大な情報からいかに大切で信憑性の高い情報を抽出できるかが問題になります。

重要なことは、どのような情報を知っているかではなく、**誰から（どこから）その情報を仕入れたか**ということです。

すでに情報は〝量〟ではなく、〝質〟の時代に入っています。

もちろん大富豪や成幸者は、上質で信頼のおける人脈をそれぞれ持っていて、彼らはそこからしか情報を仕入れないので、世の中にどれほど多くの情報が飛び交おうが、まったく関係ありませんし、気にすることもないのです。

ビジネスや投資で成功するためには有益な情報は不可欠といえど、そのような情報はインターネットなどのフリーな環境には流れていません。

では、一般に出回らない有益な情報を大富豪や成幸者になっていない人はどうすれば得られるのか？

ここで情報を得るための非常に大切な基本法則をお教えします。

それは、

**「情報は、与える人のところに集まってくる」**

というものです。

これは、もしあなたが情報を得ることばかりに気をとられていると、あなたのもとに大切な情報は入ってこないということです。

まさに、〝GIVE AND TAKE〟の世界で、情報は与える人のところに集まる性質があるのです。

**本当に有益な情報を得たいのであれば、まずは見返りを期待せずに、他人に情報を与えてみることです。**

自分の同業者しか知りえない情報とか、仕事以外でもあなたが没頭している趣味の情報でもいいでしょう。

あなたが、「こんな情報は何の価値もないだろう」と思っていても、相手にはそれが素晴らしく有益な情報になり得ることもあるのです。

言わずもがな、企業の株価に影響を及ぼすようなインサイダー情報などは法律に触れますので、くれぐれもお気をつけください。

## 成幸者が真似してもらいたいと思っていること

私は若い頃、本当に素晴らしいお金持ちにお会いすると、「どうしたら大富豪と呼ばれる成功者になれるのですか？」と馬鹿の一つ覚えのように尋ねていました。

皆さんの答えは十人十色でしたが、印象深くあるのが**「自分にとってのヒーローを持つこと」**というアドバイスでした。

そのときは、ヒーローと言うと仮面ライダーやウルトラマンしか頭に浮かんでこなかったので、何のことだかよくわかりませんでした（笑）。

しかし、今になると、**自分が目指す人をしっかりとイメージして、意識するように行動しなさい**ということだとわかります。

私は、今でも著名な成功者のセミナーがあると頻繁に参加もしていますが、自分のセミナーを開催する機会も増えました。

どらちの経験もある故、よくわかるのですが、参加者の大半はこのように考えています。

## 「成功者の真似をしたい」

そのため、セミナーの最後に設ける質問タイムでは、「どのようなことをしたらXXXさんのように成功者になれますか?」といった抽象的な質問や、「成功するきっかけとなったビジネスは、XXXXということでしたが、どのように働きかけてうまくいったのですか?」と、具体的な方法まで知ろうとする質問が多くなります。

つまり、成功者の真似をしたいのです。

自分ができないことを、できる人から、どうやって克服しているのかを聞き、参考にすることは間違いではありません。

しかし、自分らしいやり方を頭で考えようともしないで、手っ取り早くうまくいった人のコピーをしたがるのは、問題です。

成功者の行った行動を細かく聞いて真似したとしても、同じ条件でなければそれは当てはまらないだろうし、成功できる可能性は低いでしょう……と思ってしまいます。

それよりも、これから成功を目指している人に真似してほしいのは次の三つです。

**・モノの考え方を変えてみる**
**・とにかく一歩前に。行動することが最も大事**
**・「失敗」や「試練」と向き合う覚悟を持つ**

この三つ、いえたった三つです。これらを心がけるだけで成功の確率がグンと上がってしまうのです。

とお教えしても、9割以上の人は実践できません。だから成幸できる人が世の中に3%程度しかいない現実があるのです。

さて、あなたはどうでしょう。

# 感謝することで良縁に恵まれる

前述で、お金持ちや成功者に早くなりたければ、あなたに光を当ててくれる「仲間」を作ることが大切だと紹介しました。

では、その仲間を引き寄せる方法をお教えいたします。

それにはまず、あなた自身が**「魅力的な人」**になることが最低条件となります。

ここで言う魅力とは、外見ではなく内面の魅力のことです。

「彼は優しくて誠実だ」「彼の言うことは信用できる」と周りから言われたり、人の悪口や不平不満を言わないとか、見返りを感じさせずに他人のために一生懸命に尽くすなど、器の大きさを感じさせるようにすることが内面の魅力につながります。

もちろん、2日や3日でなれるものではなく、日々の習慣や行いの賜物で、それを得るためには何年もかかるでしょう。

ところが、これをスムーズに、そして時間を短縮して達成する方法があります。

それは、**「感謝」**すること。

**ありがとう**
**感謝します**

この気持ちとこの言葉を多用することです。

結構簡単なことにも思えますが、いざとなるとなかなかできないことでもあるのです。

折り合いが悪い相手には心からの感謝はできないし、自分自身が怒りに満ちているときにはそのような気持ちになれません。

しかし、習慣づけていると何事が起きても受け入れることができ、心のバランスが崩れることなく、自然に感謝の念も湧くようになるのです。

日々のトレーニングだと思って、是非意識して感謝することを習慣づけてください。

COLUMN

# 日本の紙幣もロスチャイルドの管理下にある？

アメリカの紙幣やドル札はＦＲＢが通貨発行権を持っており、アメリカ政府には何ら権限がありません。

そして、この紙幣にも興味深い秘密は隠されています。

１ドル紙幣の裏を見ると、ピラミッドの上に「目」が描かれていますが、これは「全能の目」とか「第三の目」と呼ばれるもので、〝真理〟を見ることができる目とも言われ、フリーメイソンの代表的なデザインの一つになっています。フランス人権宣言の石版などにもこれと同じ「目」がはっきりと描かれています。

なぜこのような目が描かれているのでしょうか？

いえ、その前にフリーメイソンとはいったい何なのでしょうか？

最近ではオカルト系が好きな人には随分とその名が知られたフリーメイソンは、謎の秘密結社とも言われたりしています。

世界的な上流階級の友愛団体であり、16世紀後半から17世紀初頭に作られたとされる友愛結社で、その会員は古くから歴史上においても名高い人物や著名な政治家が多いのが特長とされ、アメリカ初代大統領のジョージ・ワシントンもフリーメイソンメンバーの一人であったとされています。

それが事実だとすると、アメリカ合衆国が建国されたとき、初代大統領が通貨発行権をＦＲＢに与えたというのも無理なく頷ける話になります。

フリーメイソンの会員は、世界で６００万人いると言われていますが、公にはまったくの非公開になっているので、その実態は謎のベールに包まれています。

これは、私が実際にフリーメイソンに所属する会員の方に直接お会いしてお聞きした話ですが、日本にも２０００人近いフリーメイソンのメンバーが住んでおり、その多くは日本に駐留する米軍関係者だそうです。

もちろん、会員には日本人もいます。ここで名前を公表することはできませんが、総理大臣を務めた政治家をはじめ、広く知られた上場企業の社長なども何人かいました。

会員の特徴として、基本的に上流階級と特権階級に属する人たちばかりのようです。既に設立から400年以上も経っている歴史ある上流階級の結社とあれば、当然、金融経済に大きな力と権力を持つロスチャイルド家とつながりがないわけがありません。

そのつながりと、自分たちの存在を誇示すべく、彼らは通貨発行権を持つ紙幣には、その証とも言えるマークを用いて、マーキングをしているのです。

1ドル札に描かれている「全能の目」

それでは、日本の紙幣はどうなのでしょうか？　実はここにもしっかりとマーキングがされているのです。

まずは千円札をご覧ください。

そこには明治大正時代の細菌学者・野口英世の肖像画が印刷されています。左右に陰影が施された肖像画になってはいますが、どこか違和感がありませんか？

試しに、顔の中心で縦半分に山折りに折ってみてください。左半身と右半身、それぞれを分けて見た場合、左半身はほぼ違和感なく野口英世に見えると思います。一方、反対の右半身はどうでしょう。別人に見えませんか？　影の部分が多いとはいえ、この絵だけではとても野口英世とは思えません。

右と左の顔で、それほど大きく変わってしまっている原因となっているポイントは、見比べるとすぐにわかります。そう、「目」です。左はごく一般的な日本人の目になっていますが、右の目はやけに彫が深く、日本人の目にはとても見えません。

実はこの右半身の「目」こそが、ドル札にも描かれていた「全能の目」、すなわち、フリーメイソンのマーキングなのでは？　と言われているのです。

それでは、今度は千円札の裏面についてです。

左側には日本の象徴・富士山と湖に映った逆さ富士が描かれていますが、これを上下逆さにして見てみてください。ちょうど湖面の逆さ富士を上向きにするカタチです。

どうでしょう？　逆さ富士の形が、我々が知る富士山のソレとはちょっと違っていませんか？

この山の形に似ている山が世界にはあります。ノアの方舟が流れ着いたとされる山で有名な「アララト山」、または、モーゼが神から十戒を授かったとされる山「シナイ山」です。どちらもユダヤと深く関係する山というわけです。

千円札の裏面の富士山

上下逆さにした富士山（上）とアララト山（下）

これは偶然か意図的か……。
そもそも、湖面に映る富士山をわざわざ変形させる理由はいったい何なのでしょうか。私にはそれに対する適当な答えが見当たりません。そうなると、行き着く先はやはり……。

これらのマーキングの真相について、日本銀行は特別な発表をしているわけではないので、あくまでここで申し上げたことは〝都市伝説〟のレベルではありますが、それで簡単に片づけていい問題かどうかは、ご自身の判断にお任せします。

# 第7章

Wisdom of money learned to millionaires

# 経済の自由を手に入れた後に知っておかなければならないこと

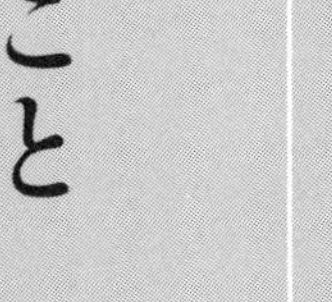

## お金をどう意識するかが大切

お金に関する意識のタイプには、次の四つのものがあります。

**・稼ぐことへの意識**
**・使うことへの意識**
**・貯めることへの意識**
**・増やすことへの意識**

経済の自由をまだ手に入れていない人は、おそらく「稼ぐ」こと、「貯める」ことに意識を持っているでしょう。

〝時間の切り売り〟ビジネスで疲労困憊しながらも働き続け、さらに稼ぐ方法はないかと模索し、貯める努力も忘れていないでしょう。

この〝貯める〟という意識を持つ原因となっているのは、「時間の切り売りビジネスから生まれるストレスを発散するための浪費」とされています。つまり、散財することを予想して、貯めなければ！　と無意識のうちに強いられているのです。

それに対して経済の自由を手に入れた成幸者は、**「使う」ことと「増やす」ことに意識を持っていて、稼ぐことや貯めることには意識がありません。**

お金を、人やお金（金融商品）、モノ（不動産）に投資して、さらに増やす行動（投資）をとりながら意識は「使う」ことに集中しています。

ただし、使うことに集中しているといっても、無駄遣いなどの散財ではなく、価値あるものにお金を使うことが前提にあり、「どのような使い方をしたらお金や人が喜んでくれるだろう」という考えを忘れることはありません。

# お金はフローが大事

経済の自由を手に入れたとしても、お金は貯め込まず、流す（フロー）ことが大切という意識を持ってください。

もし、**お金のフローがうまく機能していないと感じられるのであれば、あなたの器が一杯になっている可能性があります。**

そのときは、不要な持ち物（たとえば1年間使わなかったもの）を手放す（捨てる、人に譲る）などして流れを良くします。

これは、経済の自由をまだ手に入れていない人にも言えます。

経済の自由を早く手に入れたくて、何か良い方法はないかと焦れば焦るほど、解決への道が遠のいてしまうことはよくあります。

このようなときも、〝心の器〟が一杯になっていると考えられます。器が満杯状態にあっては、いくら注ごうとしても、それ以上はまったく入らず、すべて溢れてしまいます。

それ故、たまった器を空っぽにしてあげることが大切で、空きができた瞬間、ふと妙案が閃き、いっぺんに解決してしまうことなどよくあります。

会社経営の失敗や家族崩壊ですべてを失った人がどん底から這い上がり、大成功を収めたという涙ぐましい話も聞いたことがあると思いますが、これらも自分の器が空っぽになったため起きた奇跡ともいえます。
**ゼロはすべての物事の第一歩**ということをお忘れなく。

## お金に振り回されないために大切なこと

経済の自由を手に入れると、どうしてもお金に振り回されることが多くなり、それをストレスとして感じてしまうことがあります。

この連鎖を防ぐために、お金に振り回されないようにする方法が三つあります。

一つは、**自分に合った額の資産を持ち、収入ラインをしっかり確保する**ことです。

毎日自分が最も心地良いと思える生活をするためのマイ・スタンダードをしっかりと持ち、その上で確実に得られる収入を確保するのです。

できれば、この収入は不労所得（権利収入）が望ましいでしょう。しかし、体を動かして汗して働くことを生きがいとしている人であれば、労働収入も加えて問題ないですが、必ず不労所得もある一定の割合で確保することをおすすめします。

二つめは、自分がこれから生きていくためのお金は十分あると思うことです。

同じ資産を持っていても、「これだけしかない……」と思うのと、「まだこれだけある！」と思うのでは、心の捉え方がまったく異なり、その差はストレスとなっても現れてくるでしょう。

よくあるたとえ話で、広大な灼熱の砂漠越えの最中に水筒の水が半分になったとき、それを見て「まだ半分ある！」と思えるか「もう半分しかない……」と思うかで生存率に差が出るというものがあります。

「まだ半分ある！」と思えば、心に余裕と元気が生まれ、さらにがんばって歩くことができ、砂漠を越えられる可能性が高くなります。

一方、「もう半分しかない……」と思うと、早く砂漠を越えなければならないという焦りを感じて体温が上昇して、無駄にのどが渇いてしまいます。そうなると、砂漠を越える途中で水が尽き、体力も奪われ、砂漠からの脱出が不可能となるのです。

これがお金になると、「まだまだある」と思えず、「もう残り少ない」と思うと思考や行動が感情的になり、お金に振り回されることになってしまうので、注意したほうがよいでしょう。

そして三つめは、自分の人生において、**お金で買えないものに価値観を持つ**ことです。

人は一度大金を手にすると、お金で何でも解決できるという錯覚に陥ります。ホテルやレストランなどであれば、大金さえ払えば満足のいく上質なサービスが受けられるでしょう。しかし、人の心や尊敬、そして人生の寿命など、世の中にはお金で買えないものはたくさんあります。

このことがはっきりと区別できていないと必ずお金に振り回されることになるので、頭に入れておいてください。

お金で買えないものに対して常に価値を感じていれば、運悪く大金を失うことになったとしても、極端に落ち込むこともなく、過去に培った経験やスキルを活用して、また復活することが可能になります。

まさに、お金以上の価値があるというわけです。

## レバレッジが成功の鍵

相対性理論を唱えた天才科学者、アインシュタインはみなさんご存じでしょう。

その彼が20世紀最大の発見は〝複利〟だと明言したのは有名な話ですが、**大富豪の中で複利とレバレッジを利かさずして巨万の富を得た人はまずいません。**

レバレッジとは、〝てこ（Lever）の作用〟と訳されますが、手持ちの資金よりも大きな金額を動かして資産を増やしたり、お金だけではなく、多くの人や事業店舗を使うことで、ビジネスを大きく成長させることもできます。

経済用語で、〝規模の経済〟というものがありますが、これらもレバレッジ作用の一つだと言えるでしょう。

そして、稼いだ資産を複利で運用することで、**〝お金がお金を生む〟**仕組みを手に入れます。

最近は、一般の人でも、外国為替証拠金取引（ＦＸ）などでこのレバレッジを使った金融取引をする人が増えてきました。

経験者ならわかることですが、レバレッジは非常に高いリスクを伴います。

高いレバレッジをかけるとハイリスク・ハイリターンになり、低ければローリスク・ローリターンと、なんとも悩ましいところです。

十分な富を得た人の話を聞くと、お金はある程度まで貯まると、急激にそして勝手に増え続けると言います。

「富める者はますます富み、貧しき者はますます貧しくなる」という言葉をご存じでしょうか？

これは新約聖書マタイ伝に出てくる言葉の一つですが、経済学では『**マタイの法則**』として使われています。

ここで言う富や貧の対象になるものは、お金だけでなく愛情や幸福感など人生のさまざまな要素にも当てはまります。

たとえば「悩み」だと、悩めば悩むほど、悩みは大きくなります。やがては、うつ病にまでなってしまう恐れもありますが、どこかで「何とかなるさ」と気楽に捉えるようになると、今度はその気楽な気持ちがどんどん強くなり、いつしかすっかり悩みからも解放されて、気がつけば明るい性格にもなれているのです。

話を、お金に戻します。

この事実をお金持ちは経験から肌で感じているので、安易にお金を減らすようなことは絶対にしません。それを一度でもやってしまうと、お金を減らす状況を呼び寄せてしまうので、彼らは必要以上に徹底して心がけているのです。

それくらいの心構えがなければ、大富豪を目指す資格さえないのかもしれません。

## 借金を恐れないメンタリティ

自転車を補助輪なしで乗れるようになったときのことを覚えていますか？

おおよそ幼稚園から小学校に上がる頃に体験しているのではないでしょうか。

人生最初の成功実感体験と言うと少々大げさかもしれませんが、この体験は幼いときのことながら結構覚えている人はいると思います。

私もそのときの光景を今でも鮮明に覚えていて、恐怖感で一杯だったことや転んで痛かった記憶がはっきり残っています。

みなさんの中にも、これと同じような記憶がある方も多いでしょう。

何度も転んで痛い思いをして、倒れるかもしれない恐怖と向き合いながら、ペダルを思いっきり漕いではまた転んで、そうやって乗り方のコツを学んでいくのです。

このプロセスは、何かにチャレンジする際には、必ず最初に経験することで、大人になってからの成功法則にも通ずるものがあります。

何事もリスクを避けては、得られるべきものも得られないのです。

そのために、〝Give and Take〟、最初にリスクを承知で差し出すわけです。

お金についても、本気で富を得たいと思うのであれば借金してでもチャレンジすべきなのです。

ただし、借金したお金で一攫千金を夢見て宝くじを買ったり、競輪競馬などのギャンブルにつぎこんでしまうのはいけません。

人に迷惑がかからず、自らが成功するための先行投資であれば、その投資金額は必ずあなたのところへ戻ってくるでしょう。

よって、**自己投資は１００％戻ってくる元本保証型の優良投資**になるのです。

## お金持ちが投資を決断する基準とは

世の大富豪、お金持ちたちは一体何に投資しているのでしょうか？

世界のそれぞれの通貨圏では、必ず経済が躍動する地域と、そうでない地域が存在します。

お金持ちは、国境に関係なく経済が最も急成長している国や市場に投資しますが、欧州などの経済が停滞している国の場合は、いくら儲けようとしてもお金が集まらないのでリスクが高く、結局は損をする可能性も大になります。

損をしない投資先を選ぶ際、彼らが基準とすることが次の三つです。

・**若年層の人口増加率が高い**

**・規制緩和などの社会状況に変化がある**
**・財政黒字か、将来に向けて黒字が見込まれる**

20代を中心とする若い働き手の増加度合が、経済成長するための第一条件であることは、過去に栄えた文明を見ても明らかでしょう。

そして、さまざまな規制が緩和されて、市場が開かれていることで海外からの投資マネーも流れ込みやすくなります。

最近はシンガポール、タイ、マレーシアに加えインドネシア、ベトナムなどが注目されていますが、真のお金持ちは中東をはじめ、ドバイを基点にビジネスを模索している話を聞きます。

「ドバイはバブル終焉でもう終わった」などとテレビや新聞雑誌などで目にしますが、実際はそんなことはありません。

世界最大規模の国際空港（アルマクトゥーム国際空港）が2015年に完成予定であったり、ホテルなどの豪華高層ビルも建設ラッシュであり、まだまだ発展途上にあります。

また、中東紛争の影響でスエズ運河を渡航中の船が発砲されるなどと物騒なニュースも流れますが、発砲といっても単なる定期的、計画的な威嚇射撃で、原油価格をつり上げるための演技とも言われています。

凡人は流れるニュースだけを材料に、中東は危険でドバイでのビジネスはリスクが高いと思い込むのに対し、大富豪はドバイでさらなるビジネスの準備を着々と始めているのです。

場所柄においても、ドバイは中国を中心に発展したアジア諸国と欧州、中東、アフリカ地域の物流ハブとしてますます発展することは確実です。

もし疑うのであれば、世界で一、二と称される上質なサービスを提供するエミレーツ航空でドバイを訪れ、自分の目で確かめてみるとよいでしょう。

## 金持ち喧嘩せず

人は喧嘩をすると、必ず勝敗を意識します。

自分が勝った、自分が正しかったと。

でも、そんな勝敗にはあまり意味がなく、本当の敗者とは、心に憎しみや恨みを持ち続けたほうなのです。

映画「スター・ウォーズ」でもあるように、怒りを感じた瞬間に人は暗黒面へ引きずり込まれてしまい、すべての物事が悪い方向に転がり始めます。（『スター・ウォーズから学んだ自分を成長させる方法』〈中経出版〉参照）

大富豪は喧嘩の先にあるものが意味がないとわかっているため、争いごとに加わらないのです。

最近、中高年層の男性に「キレる」人が多くなっているそうです。

この「キレる」というのは、喜怒哀楽の「怒」とは感情が少し違っていて、先行きの不安だとか、ストレスなどが原因にあったりします。

ことわざでも「短気は損気」と言われるように、決して望ましい感情ではありません。

その点、大富豪は絶対にキレたりしません。なぜなら、物事を切り回す手腕があるからで、彼らは**同じキレるでも「切れ者」**というわけです。

一般的に、キレる発端となるのはエゴに凝り固まった言動である場合がほとんどです。大富豪や幸せな成功者を目指すのであれば、「キレる」ではなく「切れ者」にならなければなりません。

そのためにも、何かあっても「短気は損気」と意識することができれば、トラブルに巻き込まれても決して動じることなく、マイナスオーラで心が包まれることもないでしょう。

## 「ノブレス・オブリージュ」で資産を守り、さらに増やしていく

経済の自由を手に入れ、長く〝お金の自由〟をキープしているお金持ちがいる反面、わずか数年しかキープできずに、また貧乏生活に逆戻りする元お金持ちも、世の中には存在しています。

この違いは何でしょうか？

実は、長く経済の自由を持ち続けるお金持ちは、「ノブレス・オブリージュ」を意識

しているのです。

ノブレス・オブリージュとは、セレブの人たちが貢献意欲と義務感にて行う社会貢献活動を意味する言葉です。

元がフランス語であることからも、欧州の貴族やセレブたちの活動として広まりましたが、貧困に苦しむ人たちや平民からすれば、貴族の特権と贅沢を正当化する隠れ蓑と揶揄する側面があったことも事実です。

しかし、それは、失敗を恐れて何も行動しない貧乏人の妬みでしかありません。

この活動は、大富豪や成幸者になってから行うことですが、成幸者を目指している途中の人ができる貢献活動もあります。

それは、**「プロボノ活動」**です。

「プロボノ」とは、元々「公共善のため」というラテン語が語源になっており、仕事を通じて培った知識やスキル、経験を活用して無報酬で社会貢献活動をすることです。

最近この活動に目覚める人が世界的にも増えています。

日本では欧米外資系企業以外での認知度はまだ高いとは言えませんが、社会起業家やソーシャルビジネスへの関心の高まりから、ＩＴ・経理・広報・デザインなどの分野で、

NPO等の非営利組織を支援するプロボノ活動が見られるようにもなりました。

このプロボノ活動は、社会貢献による心の満足感に加え、同時に自身のスキルアップも図ることができます。

さらに、成幸者の習慣とも言える「見返りを求めず他人の力になる」や、「Give and Take」の精神に基づく活動を行うわけですから、幸せな成功者への道もグンと近くなるのは確実です。

活動では、主に専門分野のスキルを求められるため、誰でもよいというわけにはいきませんが、我こそはと思う方は是非チャレンジしていただきたいと思います。

## 感謝の気持ちを忘れない

幸せな成功者は、相手の身分、年齢に関係なく受けたサービスや教えてもらった情報に対して、心から感謝の気持ちを伝えます。

こういうことができない人は、見た目は成功しているように見えても、いろいろなトラブルを常に抱えているケースがほとんどです。そのせいで人間不信となり、人に接する態度もずさんになっていくのです。

**何事にも感謝できる人は、できない人に比べて、人生で恵まれることが明らかに多く、願望を達成できる可能性も高くなります。**

つまり、「感謝」という言葉には人生を変える力があるということです。

たとえば、あなたが誰かにプレゼントを贈ったとき、相手がお礼の言葉も言わずに受け取り、プレゼントに興味も示さなかったらどんな気持ちになりますか？

次もプレゼントを贈ろうという気には、到底ならないでしょう。

世の中の目に見えないエネルギーである「運」や「勝利の女神さま」なども、これと同じ反応をします。

物事に感謝しない人は、運にも女神さまにも見放されるということです。

では、感謝とは一体何なのでしょうか？

たまに「感謝」と「高揚感」を混同する人がいますが、そういう人は心がワクワクする体験をして、「ありがとう！」と口にすることが感謝だと思っていますが、間違えないようにしてください。

感謝とは、心のバランスがとれているかどうかのバロメーターでもあるのです。人が感謝の念を素直に持てるときは、心のバランスが完全にとれている証拠なのです。

それでは、その心のバランスをとるにはどうしたらよいのか。それは、**「すべてをあるがままに受け入れること」**です。

人は、不幸なことが起きたり、自分の行いで失敗したりすると、落ち込むだけではなく、「なぜそうなってしまったのか」と怒りと後悔の念を抱き、時には人のせいにしたりします。

「あいつのせいだ」とか、場合によっては、親や会社、国のせいにまでしたりします。

このような感情を持つことは、まさに百害あって一利なし。

ストレス解消になると思っている人がいるかもしれませんが、このような行為で解消などできません。

医学的にも心理学的にも実証されていますが、ストレス解消の唯一の方法は泣く（涙を流す）ことだけだそうです。

人間はストレスを感じると「コルチゾール」というホルモンが多量に分泌され、このコルチゾールが体内に溜まると、いわゆる〝ストレスが溜まる〟状態となります。

そして、人は泣くことでコルチゾールを涙と一緒に体外に捨てることができるのです。大泣きをしたら気分がスッキリしたという感覚は、体内に溜まっていたコルチゾールが体外に放出されたためで、実際に体内のバランスがうまくとれた結果なのです。

ですから、もし不幸や失敗に遭遇したら、他人のせいにしたり、ストレス化したりしないで、すべてを受け入れるということを心がけてください。

もし、苦しくなったときは思い切り泣けばいいのですから。

# エピローグ
## ～お金持ちになることよりも、お金持ちになっていく過程が楽しいのだ

あなたが過去に経験した成功体験とは、どのようなものでしたか？

欲しかった車や宝石、ブランドバッグなどを手に入れたという些細なことから、マイホームを買ったとか幸せな結婚ができた等の、人生を左右するような、達成感に満ちた大きな出来事もあったかもしれません。

中には、社内の同期の中で一番早く出世したとか、サラリーマンから独立を果たし、順調に会社を大きくしていったという人もいるでしょう。

これらの夢や目標の達成、すなわち成功体験を振り返り思い出してみると、一番楽しかったときは、欲しいものを手に入れるまでの過程だったのではありませんか？

ショーケースに飾られている憧れの品を眺めながら、時にはパンフレットを食い入るように見ながら、それを手に入れたときのことをイメージし、モチベーション高く、日々エネルギッシュに過ごしていた、あの頃です。

そして、クライマックスは欲しかったモノを実際に手に入れた瞬間。何とも言えない幸福感を味わえたのではないでしょうか。

では、人生の成功を目指し、幸せな成功者になるということはどういう気分なのでしょう。

多くの幸せな成功者、すなわち成幸者の人に聞くと、

「一番幸せなのは今だけど、一番楽しくエキサイティングだったときは、四つの自由を手に入れるために、夢や願望を掲げて日々邁進したときだった」

と言います。やはり、欲しいものを手に入れた小さな成功も、人生の幸せを手に入れる成幸もどちらもその過程が最も充実して楽しいのです。

これまでにさまざまな成功本を読み漁り、多種多様なセミナーにも参加し、夢や願望を設定しているにもかかわらず、一向に夢が叶うことがない現実に立たされ、そろそろ断念をしようかという気持ちで本書に出会った人もいるでしょう。

そういう人にアドバイスをしたいのは、**もう少し成功する過程を楽しんでみませ**

**んか？**　ということです。

焦って考えなくても、諦めない限り必ず願望は達成できます。

そして、そう信じることが何よりも大切なのです。

また、本気でそう思うのであれば降りかかる試練も必ず超えられます。

エジソンが多くの失敗を経て電球を発明したのも、カーネル・サンダースがフライドチキンのレシピを売り込み、１０００回以上断られながらも世界的なファストフードフランチャイズ店を展開できたのも、すべては自分を信じて、諦めなかった結果です。

「ローマは一日にしてならず」なのですから、気長にその過程を楽しむぐらいのつもりで諦めずに続けていただければと願います。

本書は、大富豪そして成幸者をテーマにしましたが、「経済の自由」を手に入れたいと思ってこの本を手に取ってくださった方に是非忘れないで欲しいことがあります。

大富豪ランクで、常に世界で３本の指に入る、ウォーレン・バフェット氏は、自分が亡くなった後の財産処理についてこう述べています。

「うちの子どもたちは、質素な生活を強いられてきたため、私が金持ちとは思っていなかった。私の財産を子どもたちは相続しないことになっており、財産の99%は、いずれは慈善事業に寄付される。私は、莫大な富を継承することにまったく興味がない」

この一言が、幸せに成功した大富豪たちの気持ちを代弁しています。

お金のない人たちは、お金を得ることが、自分の抱えるすべての問題を解決できると思い込み、お金を得ることこそが人生のゴールだと錯覚しがちです。

仮にそのような間違った思い込みをしている人たちが大富豪になってしまったら、それこそ人生最悪の苦しみを味わうことになってしまうでしょう。

このことは、宝くじで高額当選をした人が自らの命を絶ったり、殺人事件に巻き込まれたなどという話が珍しくないことからもわかります。ただ、神様は優しいので、そう簡単にはこのような人を身分不相応に金持ちにしたりはしないので、現実的にはあまりないことですが、是非このことを肝に銘じて、経済の自由を手に入れてください。

あなたが幸せな成功者になることを心から願っています。

私も、本書を読んで成幸者になれた方と、ハワイの綺麗な夕日を眺めながらシャンパングラスを片手に（いや、私の大好きなジャック・ダニエルで！）語らう日が来ることを今から心待ちにしています。

この本は、私にとって3作目の著書になります。私の本業は企業経営者であり、専業の作家ではないので、素人っぽい文章表現も多々あり、お見苦しい点があったかと存じますが、その点ご容赦いただければ幸いです。

また、時間が取れない中での執筆で、周りの人に助けられましたが、無事こうして皆様のもとへ本が届けられたことは、本当に仲間のおかげと感謝しています。

出版を快く引き受けてくださいました総合法令出版の関俊介編集長、校正のお手伝いをしていただいた福田雄貴氏、そして、陰で支えてくださった成幸者や経営者仲間の皆様、本当にありがとうございます。刊行にあたってお世話になったすべての方にこの場をお借りして厚くお礼申し上げます。

平成25年6月

著者　トニー野中から感謝をこめて

**トニー野中（本名 野中正樹）**
企業経営者　成幸者研究家

1962年生まれ。岐阜県出身。

石川島播磨重工株式会社（現ＩＨＩ）にて、ジェットエンジンの設計開発に携わった後、５カ国共同開発エンジンの国家プロジェクト・メンバーとして英国ロールス・ロイス社に勤務。

その後、米国のゴルフ用品メーカーにて、タイガーウッズをはじめ、多くの世界トッププロのクラブ開発で実績を上げた後、一転してＩＴ業界へ。

ＩＴバブルに乗り数々の事業を成功させた後、ビジネスに失敗して一文無しに。

しかし、さまざま成功の極意を研究、学びながら短期間で復活を果たす。

現在は、ウェブ開発会社や投資会社など計５社の企業経営の傍ら、「成幸者研究家」として成功の秘訣を日々研究し、企業や大学のほか、独自セミナーなどで講演活動を行っている。

著書に、『世界の大富豪2000人に学んだ幸せに成功する方法』（総合法令出版）、『スター・ウォーズから学ぶ自分を成長させる方法』（中経出版）がある。


トニー野中のオフィシャルＷＥＢサイト　http://www.tonynonaka.com/
※セミナーやイベント情報など、最新の情報を公開しています。

トニーの成幸ブログ　http://ameblo.jp/tonynonaka/

**本書の読者限定！**
『世界の大富豪2000人に学んだ幸せに成功する方法』の、
**幻の「第10章」**を**メール**で**今すぐ**に
無料プレゼントします！

下記のＵＲＬよりメールアドレスをご登録いただくと
トニー野中氏の幻の第10章をあなたにプレゼントします！

詳しくはこちら

**http://bit.ly/tony2000**
※ご登録いただいた方に、各種ご案内をお送りすることがあります。ご不要の場合は配信を解除することが可能です。
※プレゼントいたしますのはパソコンなどで閲覧できる「PDFファイル」です。冊子などをお送りするものではありません。

※本文写真（アララト山）：アフロ


視覚障害その他の理由で活字のままでこの本を利用出来ない人のために、営利を目的とする場合を除き「録音図書」「点字図書」「拡大図書」等の製作をすることを認めます。その際は著作権者、または、出版社までご連絡ください。



世界の大富豪2000人に学んだ 富を築くお金の知恵

2013年7月3日　初版発行

著　者　**トニー野中**
発行者　**野村直克**
発行所　**総合法令出版株式会社**
〒107−0052　東京都港区赤坂1−9−15
日本自転車会館2号館7階
電話　03−3584−9821㈹
振替　00140−0−69059
印刷・製本　**中央精版印刷株式会社**



©Tony Nonaka 2013 Printed in Japan


ISBN978−4−86280−365−8



落丁・乱丁本はお取替えいたします。
総合法令出版ホームページ　http://www.horei.com/

## トニー野中の好評既刊

**世界の大富豪 2000 人に学んだ**
**幸せに成功する方法**

トニー野中 著｜定価 1,300 円＋税

著者の野中氏が、ロスチャイルドを始めとする 2000 人に及ぶ世界の成功者たちとの出会いによって経験したエピソードを交えて、彼らが人知れず実践している習慣を紹介。

彼らとの出会いによって学び、刺激を受け、身につけたおかげで、ごく普通の一般人であった著者が複数の会社経営者となれた事実も踏まえ、「普通の人でも幸せな成功者になれる方法」として誰でも実践可能な成功法則として体系化した。